基于服务生态系统视角的企业服务创新研究
——以 ICT 产业为例

王雷 著

中国纺织出版社有限公司

内 容 提 要

本书主要介绍了服务生态系统中的服务创新模型构建、顾客价值主张对服务创新绩效的影响机理分析、顾客价值主张影响服务创新绩效的实证研究以及服务生态系统中服务创新路径探索等内容。

本书可供从事企业服务创新及相关的研究人员参考阅读。

图书在版编目（CIP）数据

基于服务生态系统视角的企业服务创新研究：以 ICT 产业为例 / 王雷著. -- 北京：中国纺织出版社有限公司，2022.5

ISBN 978-7-5180-9488-2

Ⅰ.基… Ⅱ.王… Ⅲ.①信息产业－企业创新－研究－中国　Ⅳ.① F492.6

中国版本图书馆 CIP 数据核字（2022）第 061390 号

JI YU FUWU SHENGTAI XITONG SHIJIAO DE QIYE FUWU CHUANGXIN YANJIU:YI ICT CHANYE WEI LI

策划编辑：范雨昕　　责任编辑：胡　蓉
责任校对：寇晨晨　　责任印制：何　建

中国纺织出版社有限公司出版发行
地址：北京市朝阳区百子湾东里A407号楼　邮政编码：100124
销售电话：010—67004422　传真：010—87155801
http://www.c-textilep.com
中国纺织出版社天猫旗舰店
官方微博 http://weibo.com/2119887771
北京通天印刷有限责任公司印刷　各地新华书店经销
2022年5月第1版第1次印刷
开本：710×1000　1/16　印张：10.5
字数：155千字　定价：88.00元

凡购本书，如有缺页、倒页、脱页，由本社图书营销中心调换

前 言

随着产业结构从产品经济型向服务经济型的转变,服务业已成为众多国家的支柱产业。服务创新是服务业发展和经济增长的关键因素。通过服务创新实现差异化,不仅能够帮助企业获取可持续的竞争优势,推动服务业自身发展,还可以促进其他产业转型升级,转变经济增长方式,成为社会变革的催化剂和经济增长的新引擎。

在日益复杂、开放的环境中,服务创新不再是组织的内部行为,而是与不同领域参与者通过合作进行价值共创的过程。所有参与服务创新的行动者相互联系、彼此影响,形成被称为"服务生态系统"的服务创新体系,它逐步取代产业和市场,成为服务创新发生的场所。越来越多的企业试图通过构建服务生态系统获取关键资源,实现优势互补,推动服务创新的持续迭代更新。

同样,学术界对于服务创新的研究也在不断演进,如何在服务生态系统中开展服务创新已成为新的热点。然而,现有相关研究的结论还较为分散,缺乏系统性研究成果,对于服务创新的动态过程分析不足,创新因素间的相互作用机理尚不清晰,如何构建服务生态系统中的服务创新模型、指导企业开展服务创新实践成为亟待解决的问题。

为满足企业发展需求、填补理论缺口,本书以服务创新中极为活跃的信息通信产业为例,运用服务主导逻辑及服务创新相关理论,采用案例研究、结构方程建模、NK模型仿真等科学方法,基于服务生态系统视角对服务创新进行系统性研究,以探索复杂环境中服务创新的动态过程和发展规律,拓展服务创新理论边界,为企业实践提供指导。

著者
2022年1月

目 录

第1章 绪论 ·· 001
1.1 研究背景 ··· 001
    1.1.1 现实背景 ·· 001
    1.1.2 理论背景 ·· 004
1.2 问题的提出 ·· 006
1.3 研究意义 ··· 008
    1.3.1 理论意义 ·· 008
    1.3.2 实践意义 ·· 009
1.4 研究思路和研究框架 ·· 010
1.5 技术路线与研究方法 ·· 011
    1.5.1 技术路线 ·· 011
    1.5.2 研究方法 ·· 012
1.6 研究创新点 ·· 013
    1.6.1 构建了服务生态系统中的服务创新模型 ······························ 013
    1.6.2 引入顾客参与作为中介变量，揭示了顾客价值主张对服务创新
          绩效的影响机理 ··· 014
    1.6.3 提出了企业在服务生态系统中的服务创新路径 ····················· 014

第2章 文献综述与理论发展 ··· 015
2.1 服务创新相关研究 ··· 015
    2.1.1 服务创新概念 ·· 015
    2.1.2 服务创新的分类 ·· 018
    2.1.3 服务创新研究理论进展 ··· 020

2.2 服务主导逻辑相关研究 ··· 025
2.2.1 服务主导逻辑理论进展 ····································· 025
2.2.2 服务生态系统中服务创新的相关研究 ······················ 030
2.3 顾客价值主张及顾客参与相关研究 ······························ 036
2.3.1 顾客价值主张相关研究 ··································· 036
2.3.2 顾客参与相关研究 ······································· 040
2.4 NK模型相关研究 ·· 043
2.5 本章小结 ··· 046

第3章 服务生态系统中的服务创新模型构建 ·························· 047
3.1 案例研究设计 ··· 047
3.1.1 研究方法 ··· 047
3.1.2 案例选择 ··· 048
3.1.3 理论框架 ··· 049
3.1.4 数据收集与分析 ··· 049
3.2 案例研究发现 ··· 050
3.2.1 行动者互动 ··· 050
3.2.2 持续资源整合 ··· 053
3.2.3 多样化价值主张 ··· 054
3.2.4 制度化过程 ··· 056
3.2.5 IT的双重角色 ··· 057
3.3 服务创新理论模型 ··· 058
3.3.1 服务创新基础——A2A网络 ································· 059
3.3.2 服务创新核心过程——资源整合 ··························· 060
3.3.3 服务创新动力——价值主张 ································ 061
3.3.4 服务创新实现途径——制度化过程 ························· 063
3.3.5 服务创新催化剂与触发器——IT ···························· 065
3.4 结果讨论 ··· 066

3.5 本章小结 ·· 067

第4章 顾客价值主张对服务创新绩效的影响机理分析 ············ 068
4.1 变量界定 ·· 068
  4.1.1 顾客价值主张 ·· 069
  4.1.2 顾客参与 ·· 071
  4.1.3 服务创新绩效 ·· 072
4.2 研究假设 ·· 074
  4.2.1 顾客价值主张与服务创新绩效 ····································· 074
  4.2.2 顾客价值主张与顾客参与 ··· 075
  4.2.3 顾客参与在顾客价值主张与服务创新绩效间的中介作用 ···· 078
  4.2.4 理论模型构建 ·· 081
4.3 本章小结 ·· 082

第5章 顾客价值主张影响服务创新绩效的实证研究 ················ 083
5.1 研究设计 ·· 083
  5.1.1 问卷设计与变量测量 ··· 084
  5.1.2 样本选择与数据收集 ··· 086
  5.1.3 信度与效度检验 ··· 088
  5.1.4 数据分析 ·· 098
5.2 结果讨论 ·· 103
5.3 本章小结 ·· 104

第6章 服务生态系统中服务创新路径探索 ································ 106
6.1 NK模型与DANP研究方法 ··· 106
  6.1.1 NK模型 ·· 107
  6.1.2 DANP方法 ·· 109
  6.1.3 修正后的NK模型 ·· 113

6.2　服务创新路径实证研究 ······ 114
6.2.1　数据收集 ······ 115
6.2.2　判断各要素影响关系 ······ 115
6.2.3　计算各要素权重 ······ 116
6.2.4　NK模型修正 ······ 118
6.2.5　MATLAB仿真 ······ 120
6.3　结果讨论 ······ 124
6.3.1　提升IT能力 ······ 124
6.3.2　创新价值主张 ······ 125
6.3.3　提高资源整合能力 ······ 126
6.3.4　扩大A2A网络 ······ 127
6.3.5　加速制度化过程 ······ 128
6.4　本章小结 ······ 129

第7章　结论与研究展望 ······ 130
7.1　主要结论 ······ 130
7.2　研究不足与未来展望 ······ 132

参考文献 ······ 134

附录 ······ 147
附录1　顾客价值主张、顾客参与及服务创新绩效研究调查问卷 ······ 147
附录2　服务生态系统中服务创新要素影响关系调查问卷 ······ 150
附录3　利用MATLAB对NK模型进行仿真的代码 ······ 152

第1章 绪论

本章从研究背景出发,基于客观实际和理论缺口提出亟待解决的关键问题,界定研究对象,确定研究目的,构建研究框架,在此基础上阐述了研究方法及技术路线,并提出了研究的主要创新点❶。

1.1 研究背景

1.1.1 现实背景

全球产业结构正从"产品经济"向"服务经济"转变,服务经济在世界经济中的占比不断上升。世界银行统计显示2017年全球服务业增加值占到世界经济GDP的63.6%,而在发达经济体中,这一比值更高,达到75%以上。例如,美国2017年服务业增加值为GDP的79.7%。服务业已成为诸多国家经济的支柱产业,其发展在一定程度上决定了一个国家的经济水平。

服务业在中国经济中同样扮演着重要角色。随着服务经济的快速发展,服务业占中国GDP比例日趋增加(图1-1)。2015年中国服务业增加值占比首

---

❶ 本书受到工信部项目"大数据环境下电信业务的创新与管理研究"(项目编号15ZDB154)的支持。

次突破GDP的50%，达到50.2%，之后服务业占比继续增长，2017年中国服务业增加值达到427032亿元，占GDP比例为51.6%，已成为中国经济第一大产业。

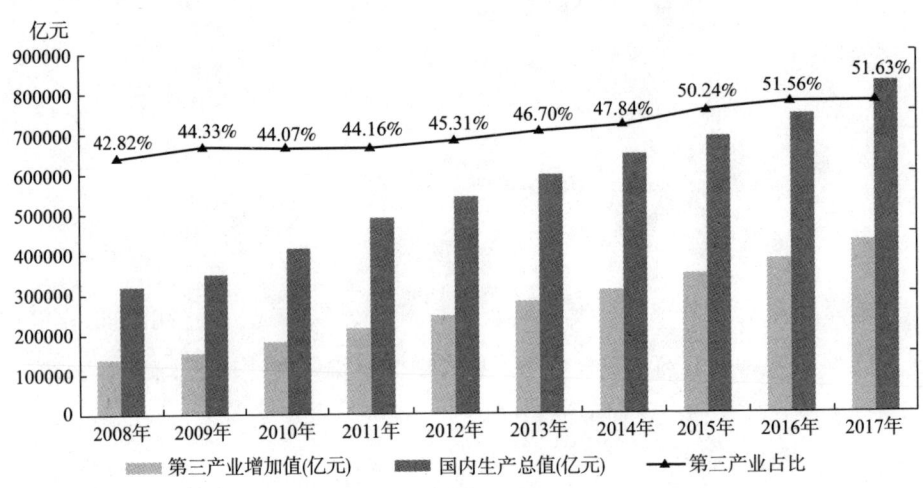

图1-1　中国服务业增加值占GDP比重（2008～2017）

数据来源：国家统计局

　　服务创新是服务业发展和经济增长的关键因素。经济全球化使竞争日益激烈，产品同质性越发突出，仅依靠产品并不能使企业获得成功，服务差异化成为提升企业竞争力的有效途径。服务创新能够帮助企业满足客户个性化需求，扩大市场规模，提升生产和运营效率，获取可持续的竞争优势。更为重要的是，中国经济已经发展到优化产业结构、提高经济效益、激发创新活力、加快动能转换的新阶段。通过服务创新，增加产品附加值，提升资源利用效率，不仅能够推动服务业自身的发展，还可以促进其他产业的转型升级，转变经济增长方式，成为社会变革的催化剂和经济可持续增长的新引擎。中国政府意识到服务创新对于服务业和社会经济发展的意义，2017年发改委颁布《服务业创新发展大纲（2017—2025年）》，提出"加快服务业创新发展、增强服务经济发展新动能"以期"满足人民需求、推进供给侧结构性改革，实现经济转型升级和国家长远发展"，实现中国服务业增加值"十年倍增"。

信息通信技术（information and communication technology，ICT）的普及应用和不断扩大的社会网络给服务创新带来了新的变化。特别是大数据、云计算、物联网等新一代ICT的发展，提供了"永远在线的连接、无处不在的数据、强大的计算能力"，为新服务开发和体验创造了全新的技术背景和商业环境，改变了服务交换的方式，影响了服务的传递、创新和管理，给企业服务创新提供了机遇和挑战。

在当前开放的环境中，企业不再是孤立的个体，服务创新也不再是组织的内部行为，而是企业与不同领域行动者，包括供应商、顾客、研究机构、政府部门甚至竞争对手，共同参与、价值共创的过程。所有这些参与服务创新的个体相互联系、彼此依托，打破了时间和空间的限制，在制度的约束下共同作用，形成服务创新的系统，这种系统被称为"服务生态系统"。

服务生态系统已经取代了产业和市场，成为服务创新发生的场所。例如，支付宝就通过200余家企业、金融机构和政府部门合作，形成互联网金融服务体系，持续开展服务创新，为4.5亿实名用户、100余万商家提供广泛服务。在这种背景下，越来越多的企业试图通过构建自己的生态系统，吸引不同行动者的加入，扩大创新网络边界，实现优势互补和资源共享，推动服务创新的持续迭代更新。

本书以中国ICT产业❶为对象开展服务生态系统中的服务创新研究。ICT产业是中国服务创新最为活跃的行业之一。在5G、物联网、大数据等新兴领域，ICT产业依靠技术进步和服务创新已经培育出新优势，形成新的业务增长点；同时，其发展还是改造传统服务业和其他产业优化升级的重要技术基础和推动力。随着传统行业与ICT产业的深度融合，由此产生的电子商务、互联网金融、智慧交通、在线医疗、网络教育、电子政务等各种新产业、新业态、新模式层出不穷，服务创新不断加速，呈现跨界、共生、渗透、融合等特征。这些都为研究提供了充分的现实基础。

---

❶ 按照《国民经济行业分类》，ICT产业包括信息与通信技术制造业以及信息与通信服务业。

1.1.2 理论背景

服务创新研究通常以Barras（1986年）"逆向产品周期"理论为标志。在30余年的时间内，学者们对服务创新的概念内涵、驱动因素、创新类型、创新特征、创新模式、创新绩效等多个维度进行了研究，取得"服务创新驱动力模型""服务创新四维度模型""服务主导逻辑"等诸多理论成果。

迄今为止服务创新的研究方法大致可分为三类：第一，同化方法，侧重于技术的影响，认为技术是服务创新的基础和主要驱动因素，可以将技术创新的方法和理论稍做调整后用于服务创新研究，"逆向产品周期"理论就是基于同化方法得到的；第二，分界方法，认为服务创新与产品创新有着本质不同，必须依据服务本身的特性进行服务创新研究和理论发展，"服务创新四维度模型"是其中代表性成果；第三，综合方法，强调将服务与产品融合，提出服务创新理论应该将两者视为具有共同功能的"统一体"进行整合分析，服务主导逻辑（service-dominant logic，SDL）是综合方法中最具影响力的理论之一。这三种方法中，综合方法揭示了技术创新与服务创新的内在一致性，更加契合信息社会中服务创新的特点，为服务创新提供了更为广阔的视角，成为当前的理论发展趋势。

最初服务创新聚焦于组织内部，强调企业在服务创新中的主体地位，研究也集中在企业服务创新战略、驱动因素、创新障碍等方面。互联网的兴起改变了服务创新的方式，赋予了服务创新开放、协同的新属性，网络成为创新的环境，服务创新网络引起了广泛关注，研究视角也随之从封闭转向开放。网络环境下服务创新模式发生了巨大的变化，呈现出新的特征：服务创新主体从单一主体向多主体合作发展，网络能力、网络规模、网络嵌入性、空间距离和认知距离等网络相关因素在服务创新中发挥着重要的作用，资源整合、资源互补、信息共享和知识转移成为企业实现服务创新的有效手段，动态能力、吸收能力则会显著影响网络中的企业服务创新过程。

然而，网络仍然是一个相对"静态"的概念。事实上，服务创新中参与者的每次活动，包括资源整合、服务交换和价值创造等，都将在一定程度上改变创新系统的性质，从而改变下一次迭代和价值创造的背景。因此，服务创新系统不仅是一个网络，而是一个由不同参与者相互连接形成的、自我调节的生态系统。这个系统中的行动者在制度指导下，与环境不断交互，既受到环境约束，也对环境产生影响。在当前环境中，服务生态系统已逐步成为服务创新发生的场所，从更加系统的角度探索服务创新，也因此成为新的研究方向。

服务主导逻辑中的服务生态系统观点，为复杂环境中的服务创新研究提供了理论基础。服务主导逻辑是一种研究服务创新的综合方法，由学者Vargo和Lusch于2004年提出。该理论认为"一切经济都是服务经济，服务是所有交换的基础，产品是服务提供的分销机制""价值是由多个行动者共同创造，一切行动者都是资源整合"，从而将产品和服务集成到统一的服务视图中，消除服务创新研究中产品和服务的分歧，超越了有形和无形的界限，一经提出就引起了学术界强烈反响。众多学者对其进行应用和研究，服务主导逻辑理论也因此不断发展完善，并形成了顾企合作服务创新、服务生态系统等研究热点。

早期服务主导逻辑关注企业与顾客间的二元关系以及生产者与消费者在价值共创中的作用。然而这种区分生产者和消费者的观念存在缺陷，实际上所有行动者都是资源整合者，都发挥同样的作用——通过资源整合和服务提供创造价值，他们相互连接形成动态和自我调节的A2A（actor-to-actor）网络系统。基于此，Vargo和Lusch发展了服务主导逻辑理论，提出了服务生态系统的概念，将其定义为：资源整合者通过共享制度安排和基于服务交换的相互价值创造连接起来，形成的相对独立、自我调节的系统。

基于服务主导逻辑中的服务生态系统理论，众多学者从不同角度研究了服务创新。Kindström等（2013）提出服务创新是一个多维过程，依赖于服务系统中内外部的行动者及其资源。Edvardsson和Tronvoll（2013）将服务创新定义为由于行动者、资源和模式的重新配置导致服务生态系统的结构变化。Skålén等（2015）把服务创新等同于通过资源整合或实践提出新的价值主张。Koskela-Huotari等（2016）认为服务创新是打破、制定和维护资源整合制度化规则过程。Peters（2016）指出异质性资源整合是服务创新的核心过程。Frey等（2017）则强调了IT在服务创新中的关键角色。Lusch和Nambisan（2015）提出了服务生态系统中服务创新的概念模型，包括三个维度：服务生态系统、服务平台和价值共创。Hollebeek和Andreassen（2018）开发了"汉堡包"模型，用于描述服务创新过程中行动者参与和资源整合的利用。概括来讲，服务生态系统理论用"行动者"代替系统中的各种角色，把服务创新视为不同层面行动者在价值主张作用下进行资源整合的协作过程，突出了制度和制度安排在其中的重要作用。

文献回顾可以看出，现有对服务生态系统中服务创新的研究大多基于一个或几个维度，以静态视角探讨其状态属性和影响效应，缺乏系统性理论框架；对于服务生态系统中服务创新动态过程进行剖析的文献较少，服务创新各要素以及它们对于服务创新绩效的作用机理仍不清晰；在快速发展变化的环境中，如何确定服务创新实施顺序、探索服务创新路径、指导组织实施服务创新实践的相关研究较为有限。

综上所述，全球经济向服务经济转型的发展驱使下，在中国建设服务业强国的重要机遇期，提升服务创新能力，促进新服务的开发和传递，不仅有助于企业自身的生存和发展，还为中国经济的结构调整和可持续发展提供了基础和动力。虽然已有企业进行了复杂系统中服务创新的尝试，但大多数企业尚不了解服务生态系统中服务创新的关键要素，迫切一个理论框架来帮助他们理解服务创新，找到成功开发新服务的有效路径。在此背景下，对服务生态系统中的服务创新进行研究，为企业服务创新提供理论指导和实践支撑，成为实务界和学术界必要而紧迫的问题。

1.2 问题的提出

服务创新是企业可持续发展、社会经济服务化转型的重要推动力，学术界也对服务创新进行了长期的研究。然而信息通信技术的快速发展和社会网络规模的不断扩大，改变了既有的服务创新模式，服务创新的研究边界也发生了相应的变化。服务创新越来越多地发生在以平台为支撑的服务生态系统中。企业自身的能力和资源无法满足当前服务创新的需求；而积极构建服务生态系统，与其他行动者通过资源整合、信息共享，实现服务创新的成功和众多参与者的共同发展，则成为企业的必然选择。因此，本书将通过对中国ICT产业的研究，揭示服务生态系统中的服务创新规律，剖析服务创新要素对服务创新绩效的影响机理，探索复杂环境中的服务创新路径。具体而言，拟对以下几个问题进行深入的探讨。

（1）服务生态系统中服务创新的关键因素有哪些，它们构成了怎样的服务创新体系结构？

早期服务创新研究聚焦于企业内部，然而当前服务创新活动已经从组织内部向服务生态系统中的内外协作转移，创新要素也发生了变化。服务创新主体的多元化、要素的协同化、过程的系统化都增加了服务创新的复杂程度。企业只有了解服务创新的关键要素和服务创新系统的整体结构，才能够采用合适的机制与不同领域的合作者建立广泛联系，构建有效的服务生态系统，促进服务创新的成功。识别系统中的重要因素是对结构化系统分析的有效方法，这种方法已经在服务管理中得到了应用。因此，本书将首先对服务生态系统中服务创新要素的相关文献进行回顾，在已有研究的基础上提炼出服务生态系统中服务创新的关键因素；然后采用探索性案例研究方法，对服务创新过程中各要素间的相互关系和作用进行分析，构建服务生态系统中的服务创新模型。

（2）服务生态系统中，服务创新要素究竟如何影响服务创新绩效？

服务创新研究不仅需要了解相关要素，更要明晰创新要素对提升服务创新绩效的作用机理。特别是当前企业服务创新已经从"以企业为中心"的单边范式向"企业与顾客合作"的交互范式转变，资源共享和价值共创成为服务创新的关键环节，评估和量化不同要素对于服务创新的积极影响，会激励更多企业采取有效措施推动服务创新。虽然基于服务生态系统视角对不同要素在服务创新的作用已有研究，但多数研究未能把不同服务创新要素有机结合、深入剖析其中的逻辑关系，研究方法也以定性研究为主，缺乏定量数据支撑相关观点。因此，本研究将通过问卷调查收集数据，对服务创新要素和服务创新绩效的关系进行定量分析和实证检验。

（3）当前复杂的经济环境中企业该选择何种路径开展服务创新实践？

选择适合自身发展的路径是企业服务创新成功的关键。当前服务创新已经成为众多要素协同作用的非线性过程，充满了各种不确定性。识别各要素的优先级，明确最优的服务创新实施方案，可以帮助企业实现有限资源的高效利用和配置，降低创新风险，最大化获取服务创新价值和利润。企业服务创新路径的选择是一个多属性决策（multiple attribute decision making，MADM）过程，因此本研究在前文构建的服务创新模型基础上，基于专家访谈数据和MATLAB仿真方法，评估各要素间的相互依赖程度和权重，确定不同路径的绩效结果，探索服务生态系统中企业的最优服务创新路径，为企业实施服务创新实践提供指导和参考。

1.3 研究意义

1.3.1 理论意义

（1）本书以服务主导逻辑为理论基础，将服务生态系统思想融入服务创新的研究过程，建立了服务创新的系统性框架，揭示各要素间的作用机制，分析复杂系统环境下服务创新的动态过程，初步打开了服务生态系统中服务创新过程的黑箱，丰富了服务创新的相关研究。

（2）本书引入顾客参与作为中介，通过实证研究，剖析顾客价值主张这一服务创新要素在提升服务创新绩效过程中的作用机理，论证了中国情境下顾客价值主张和顾客参与对于ICT企业服务创新绩效的正向影响作用，将顾客价值主张、顾客参与和服务创新绩效有机结合，验证了服务主导逻辑的最新理论成果。

（3）本书将DANP方法和NK模型相结合，消除了传统NK模型存在的缺陷，通过方法创新使研究结果更具科学性和合理性；确定了不同服务创新要素的相互影响关系和权重，利用MATLAB仿真得到当前环境中最优的服务创新实施步骤和创新路径，为企业开展服务创新提供了理论支撑。

1.3.2 实践意义

（1）研究结果为企业在服务生态系统中的服务创新提供了完整的理论框架，深化了企业对服务创新过程的理解。在当前复杂的系统环境中，企业需要转变观念，把用户、供应商、管理者等作为服务创新的行动者，不断扩大行动者网络。根据企业实际和服务产品特点，提出具有吸引力的价值主张，激发行动者参与服务创新热情，加强不同行动者间的交流协作。超越原有边界，加强与非传统领域行动者的合作，获取、配置和整合企业需要的异质性资源，促进新服务属性的出现。充分考虑现有制度环境和市场接受程度，因地制宜开展服务创新，设计相应的机制，维护和培育规则，加速服务创新的制度化过程。跟随技术发展趋势，提升企业IT能力，重视大数据、物联网、云计算、移动互联网等信息通信技术在服务创新中的作用，提升服务创新绩效。

（2）研究结果为企业在当前情境下的服务创新提供了可操作的实施方案。服务生态系统中的服务创新要素是相互影响和相互制约的，它们相互作用共同推动了新服务的开发。因此，利用本研究结论，可以帮助企业洞察服务创新相关要素的相互作用机理和影响关系，认清自身现状，发现存在不足，弥补创新要素中的短板，实现各要素的全面提升，发挥要素的协同效应，帮助企业获得最优的服务创新绩效。同时，确定各服务创新要素的权重，有助于企业明确发展重点，选择合适的服务创新路径，高效利用有限的资源，优先发展更为关键的服务创新要素，提升资源利用效率和服务创新效果。

1.4 研究思路和研究框架

本书围绕提出的关键问题，突出重点，以服务创新为主线，遵循"现实背景和理论背景探讨—研究问题的提出—明确研究目的和框架—文献综述确定理论基础—探索性单案例研究构建服务创新模型—关键服务创新要素对服务创新绩效影响的实证分析—专家访谈和MATLAB系统仿真探索服务创新路径"的研究思路（图1-2），对服务生态系统中的服务创新进行了多维度研究。

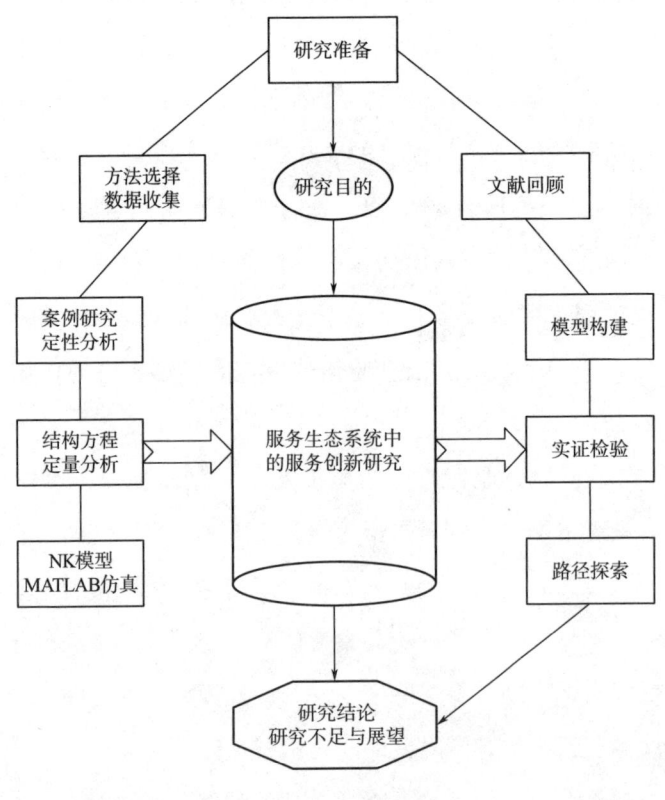

图1-2 本书研究思路

1.5 技术路线与研究方法

1.5.1 技术路线

本书遵循"背景研究—提出问题—文献研究—解决问题—得出结论"的技术路线，层层深入，逐步展开，针对核心研究问题，提供解决方案。技术路线如图1-3所示。

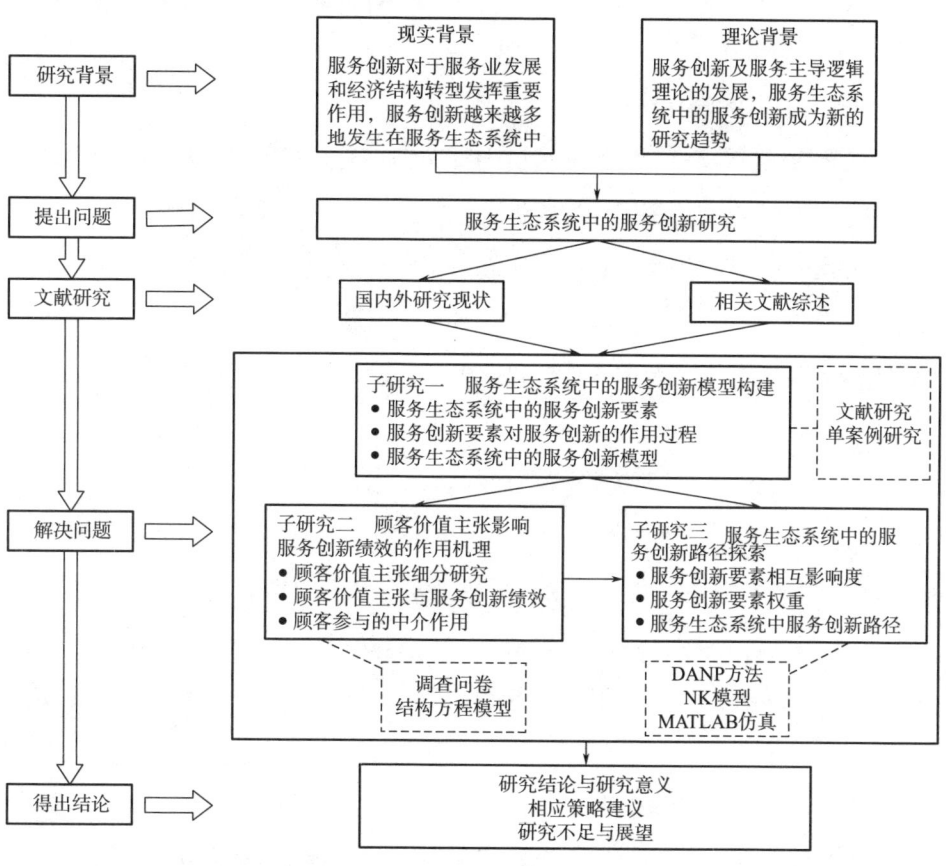

图1-3 技术路线

1.5.2 研究方法

本书综合采用定性分析和定量分析方法，将规范研究与实证研究结合，对提出的研究问题进行分析论证。

1.5.2.1 文献研究法

通过对服务创新、服务主导逻辑及服务生态系统相关文献的搜集、梳理和研究，把握服务创新领域理论发展脉络，了解理论发展趋势和最新研究热点，形成对研究问题的科学认识。通过大量的文献研究和相关结论的提炼，本研究对服务创新、服务主导逻辑及服务生态系统理论进行了较为全面的回顾，分析了理论发展趋势和研究热点，构建了整体理论框架，奠定了后续研究的理论基础。

1.5.2.2 案例研究法

案例研究是通过对现实生活情境中管理实践现象的研究，分析归纳出其中蕴含的真理的方法。本书采用探索性单案例研究方法，通过剖析美团单车的服务创新过程，回答"如何"在服务生态系统中进行服务创新的问题；相较于多案例研究，单案例研究方法能够更加深入地探索和分析案例纵向演化过程，从而抽象出隐藏在复杂现象中的理论和规律。

1.5.2.3 问卷调查法

问卷调查是指依据研究需要，针对性地设计周密的问卷，并向被调查者发放，以了解情况、获取数据的方法。依据顾客价值主张、顾客参与和服务创新绩效的相关研究，经过预调研、修正问卷和问卷调查过程，收集了相关数据，为后续实证检验提供了数据基础。同时，为探索服务生态系统中的服务创新路径，还设计了相关问卷，获取服务创新要素相互影响度的相关数据。

1.5.2.4 结构方程模型

研究采用结构方程模型（structural equation modeling，SEM）构建模型框架，利用SPSS和AMOS软件对获取的样本数据进行处理和统计分析，经过探索性因子分析、验证性因子分析，信度检验和效度检验，模型拟合度及中介效果检验，以及因果路径分析，相关假设通过检验，验证了理论假设的合理性。

1.5.2.5 DANP方法

DANP（DEMATEL based ANP）是将决策实验与评价实验法（decision making trial and evaluation laboratory，DEMATEL）和网络层析分析法（analytic network process，ANP）相结合的一种方法，也是处理多标准决策问题发展最快的方法之一。本书利用DEMATEL方法分析服务创新要素的相互影响程度，得到要素间的网络关系图，并将该结果应用于DANP方法，得到各要素权重。

1.5.2.6 MATLAB仿真

本书将服务创新要素与NK模型结合，探索服务生态系统中的服务创新路径。为得到不同服务创新路径的绩效结果，利用MATLAB编程，模拟服务生态系统中服务创新的攀爬路径，对模拟结果进行统计比较，以获取当前情境下中国企业最佳的服务创新路径。

1.6 研究创新点

1.6.1 构建了服务生态系统中的服务创新模型

基于服务主导逻辑、服务生态系统以及服务创新的文献研究，运用单案例方法探索服务生态系统中服务创新的动态过程，识别出A2A网络、价值主张、资源整合、制度化过程以及IT能力等服务创新要素，通过分析各要素在服务创新过程中扮演的不同角色和相互作用机理，构建了服务生态系统中的服务创新模型。本研究系统归纳了服务生态系统视角下的服务创新要素，初步打开了复杂系统中服务创新过程的黑箱，拓展了服务创新的理论边界。

1.6.2　引入顾客参与作为中介变量，揭示了顾客价值主张对服务创新绩效的影响机理

在得到的服务创新要素中，选取顾客价值主张这一在服务创新领域研究相对较少的要素，通过将顾客价值主张细分为经济型、功能型、情感型和符号型四种类型，研究了不同类型顾客价值主张对于服务创新绩效积极的正向影响，并指出功能型价值主张相对更加重要。同时，引入顾客参与作为中介变量，将顾客价值主张、顾客参与和服务创新绩效三者有机结合，验证了信息提供、共同生产这两个顾客参与维度在顾客价值主张与服务创新绩效之间的完全中介作用，揭示了顾客价值主张促进服务创新绩效的作用机理。

1.6.3　提出了企业在服务生态系统中的服务创新路径

在构建的服务创新模型基础上，将DANP方法与NK模型结合，用于模拟服务创新要素状态的变化如何影响服务生态系统的发展，并通过对MATLAB仿真结果的统计分析得到服务创新的最佳路径："提升IT能力、创新价值主张、促进资源整合、扩大A2A网络、加速制度化过程。"本部分研究一方面将DANP方法应用于NK模型，修正了传统NK模型存在的缺陷，实现了方法上的创新，另一方面，探索了服务生态系统中的服务创新路径，为中国服务企业开展服务创新实践、提升服务创新效果提供了理论支撑。

第2章　文献综述与理论发展

本章围绕研究的核心问题，通过文献回顾，归纳理论发展历程和相关研究成果，为后续研究提供理论基础。首先，对服务创新研究进行溯源，梳理理论发展脉络。其次，阐述服务主导逻辑和服务生态系统理论进展，以及服务生态系统中服务创新的相关研究。再次，综述顾客价值主张、顾客参与的相关理论发展，为研究其对服务创新的影响机理奠定基础。最后，阐述NK模型的相关内容，为服务创新路径探索提供理论支撑。

2.1　服务创新相关研究

2.1.1　服务创新概念

关于创新，最广为接受的概念是经济学家Schumpeter（1934）提出的"创新是生产要素的重新组合"，当这些新组合被引入生产体系中，产生了产品创新、过程创新、投入创新、组织创新和市场创新等多种创新形式。而对于服务创新的概念，学术界一直没有统一的认识。Coombs和Miles（2000）将服务创新的研究视角分为三种：同化视角（assimilation）、分界视角（demarcation）和综合视角（synthesis）。同样，学者们基于这三种不同视角定义了服务创新。

早期没有服务创新研究的专门理论，学者们多基于同化视角对服务创新进行研究。同化视角认为技术的影响对于服务创新具有关键作用，是服务创新的主要驱动因素，技术创新和产品创新的方法理论可用于服务创新研究，服务创新由供应商主导，服务公司只是其他行业创新的接受者。Betz（1987）首先定义了服务创新，认为服务创新不同于开发新技术的程序创新和开发新产品的产品创新，是将基于技术基础导向的服务引入市场。Sundbo（1997）提出将新技术应用于服务，或改变已有技术的使用方式，从而产生新的或改进的产品和服务就是服务创新。欧洲服务业创新系统研究（SI4S）项目在对欧洲多个国家进行调查后，把服务创新定义为企业为促进产品、生产方法、内部组织和外部关系方面进行显著的变革而进行的决策实施和行动。Giannopoulou等（2014）认为服务创新就是在产品创新中引入新的服务，从而能够显著改变服务的特征或预期用途。从以上定义可以看出，同化视角下的服务创新概念多与技术和产品创新相关，存在明显的技术导向。

随着服务创新研究的深入，学者们归纳了服务的性质和服务创新的特征，发现其与技术创新、产品创新存在明显的差别，因此提出了分界视角，强调必须依据服务本身的特性进行服务创新研究，越来越多的服务创新特定理论也随之发展起来。分界视角强调服务的特殊性，以及组织、知识和非技术元素在服务创新中的贡献。Bilderbeek等（1998）提出服务创新包含新服务概念、新顾客界面、新服务传递系统和新技术四个维度，虽然每个维度都可能产生服务创新，但绝大多数的服务创新都是几个维度的综合作用。Van Ark等（2003）也提出了类似的服务创新定义，"一个新的或相当程度上发生改变的服务概念，客户交互渠道，服务提供系统或技术，它们单独或组合在一起发生作用，导致一个或多个新的服务功能的产生，从而改变了市场上提供的服务和产品"。Lin等（2010）认为服务创新是制造商参与的各种以提高客户满意度为目标的创新活动，包括售后服务、保修政策、维护程序和订单系统等。Hertog等（2011）将服务创新描述为"产品或服务中新的或相当大的变化，或者是引入新的或相当大的变化的过程创新"。分界视角下，服务创新定义中服务创新的维度更加多样化，顾客也逐渐出现在服务创新的定义中。

然而随着服务经济的发展，服务和产品融合的趋势逐渐显现，制造企业服务化转型的案例越来越多，将服务和产品视为有机整体，对服务创新进行整合分析的综合视角也因此发展起来，服务创新主体和定义也更加多元化。Gallouj和Weinstein（1997）提出任何引起技术、服务和能力等一种或几种特性变化的活动都属于服务创新。Alam（2002）认为服务创新中顾客占据主体地位，服务创新就是为顾客提供新产品、服务或服务过程的活动，因此服务企业和制造企业都会出现服务创新。Toivonen和Tuominen（2009年）提出服务创新是一种新服务或现有服务的更新，这种服务已付诸实践，并已经为开发服务的组织带来好处；这种好处通常来自客户续约提供的附加价值。Edvardsson和Tronvoll（2013）把由于行动者、资源和模式的重新配置导致服务生态系统的结构变化视为服务创新。Lusch和Nambisan（2015）认为服务创新是行动者到行动者网络（A2A）中的协作过程。Skålén等（2015）把服务创新定义为通过开发现有或创建新的实践和资源，或通过以新方式整合实践和资源创造新的价值主张的过程。Koskela-Huotari等（2016）提出制度在服务创新中的核心作用，认为服务创新是打破、制定和维护资源整合制度化规则过程。在综合视角下，服务创新的定义逐渐从企业内部向外部转移，价值在服务创新中的地位也逐渐显现。

随着服务创新研究在中国的开展，国内同样有诸多学者提出了服务创新的概念内涵。鲁若愚等（2000）从狭义和广义两个角度定义了服务创新，认为狭义服务创新是指通过向目标顾客提供更高效、周到、准确、满意的服务包，帮助服务企业获取的商业和社会利益的活动；而广义服务创新是指通过向顾客提供无形服务、有形产品及两者的结合，增强顾客满意度和忠诚度，创造更大价值和效用的活动。许庆瑞和昌飞（2003）认为服务创新是通过将新技术和新思想应用于服务过程，改善服务流程和产品，提升服务质量及效率，扩大服务范围，更新服务内容，增加服务项目，为顾客创造新价值，提升企业竞争能力。蔺雷和吴贵生（2007）同样把服务创新分为狭义和广义两个角度，广义上的服务创新是指一切与服务相关或针对服务的创新行为与活动，狭义上的服务创新是指发生在服务业中的创新行为与活动。魏江等（2008）提出基于狭义的视角将服务创新分为概念创新（即为顾客提供的全新的，或改进的服务内容，或功能和蕴含在新服务中的新创意或新构思）和传递创新（在提供服务的过程中服务提供商对生产和传递的流程或规则以及与客户间沟通和交互方式进行的变革）。简兆权和王晨（2013）将服务创新定义为企业在服务过程中形成的无形活动，包含多种创新方式，可以满足客户需求，保持竞争优势。文献回顾可以看出，国内学者对于服务创新的定义同样越来越多地体现出顾客、价值等维度。

回顾服务创新的概念发展，虽然其定义越发多元化，但整体趋势正从技术维度转向多个维度，从企业内部转向内外合作，从价值提供转向价值共创。

2.1.2 服务创新的分类

对于服务创新的分类，学者也基于服务创新理论发展，提出了不同的标准。Barras基于技术创新理论研究服务创新，因此认为服务创新可以分为产品创新和过程创新，体现出明显的技术创新分类痕迹。在20世纪90年代开展的欧洲创新调查中（CIS），同样将制造业的创新理论和方法用于服务创新研究，将服务创新类型分为产品创新和过程创新。

随着服务创新研究的不断深入，服务的差异性使得越来越多的学者认识到服务创新与技术创新的不同，开始强调服务创新的非技术因素，也识别出更多的服务创新维度。观察到在服务传递过程中的创新，Miles（1995）在产品创新、过程创新的基础上增加了传递创新。Tether和Massini（2007）采用了类似的维度，将服务创新分为产品创新、生产过程创新和传递过程创新。部分学者也注意到组织在服务创新中的作用，Gadery等（1995）通过访谈的方法，提出服务创新包括产品创新、过程创新和组织创新。Hipp等（2000）通过对德国商务服务公司的调研，同样认为服务创新可分为产品（或）服务创新、过程创新和组织创新。

在此基础上，欧洲服务业创新系统研究（SI4S）项目报告中，提出了产品创新、过程创新、组织创新、结构创新和市场创新五种服务创新类型。Sundbo

（2003）通过案例研究方法，指出服务创新包括产品创新、过程创新、组织创新和市场创新四种类型，之后Sundbo等（2007）又通过对丹麦和西班牙旅游业的研究，提出了产品创新、过程创新、组织创新、市场创新、技术创新和服务扩展六种类型。Hertog（2000）提出了著名的服务创新四维度模型，将服务概念创新、顾客界面创新、服务传递创新和技术创新都纳入服务创新的范围。

依照服务创新强度和特性的不同，Gallouj和Weinstein（1997）将服务创新划分为改进创新、突破创新、渐进创新、组合创新、专门创新和Ad Hoc创新六种类型。Vries（2006）利用案例研究，也得出了相似的结论，把服务创新划分为渐进创新、突破创新、复合创新和Ad Hoc创新。Djellal和Gallouj（2005）提出服务创新类型包括开放式创新、回溯式创新、集中创新和组合创新。Oke（2007）通过对英国服务公司的访谈，认为服务创新可以区分为激进式创新和渐进式创新。

随着服务创新的不断发展，服务创新主体不再仅是企业，越来越多的行动者参与进来。因此按照服务创新主体的不同，Hertog和Bilderbeek（1999）将服务创新分为供应商主导型、服务企业主导型、顾客导向型、服务企业协助型、聚合型五种服务创新类型。Howell等（2004）认为服务创新可分为由企业主导的内向型创新和由企业顾客交互主导的外向型创新。还有学者基于服务创新企业的不同类型，对服务创新进行划分，例如Hipp和Grupp（2005）认为服务创新包括知识密集型、规模密集型、网络密集型和外部驱动密集型。

国内学者同样提出了服务创新类型的不同划分维度。鲁若愚等（2000）将服务创新划分为组织结构创新、服务流程创新、服务传递创新和作业系统创新。张秋莉和盛亚（2005）认为突破性服务创新和衍生性服务创新是服务创新的两种类型。姜红和曾铿（2005）提出服务创新包括核心和外围服务创新、定制差异化创新、NSD动态创新和功能型创新四种模式。蔺雷和吴贵生（2007）通过归纳总结相关文献，提出了九种服务创新模式，具体包括：产品创新、过程创新、组织创新、市场创新、技术创新、传递创新、重组创新、专门化创新和形式化创新。魏江等（2008）提出服务创新包括概念创新和传递创新。徐朝霞（2013）按照服务特征、创新发生层面、服务创新程度、参与主体的作用对服务创新类型进行了总结和归纳。

2.1.3 服务创新研究理论进展

服务创新的研究通常以Barras（1986）的"逆向产品周期理论"为标志，在30余年研究过程中，取得了诸多服务创新研究成果，本部分将对相关的理论成果进行梳理和归纳。

2.1.3.1 封闭视角

早期研究认为企业是服务创新的主体，因此服务创新研究聚焦于企业本身。Barras（1986）通过研究保险、银行等行业，提出了一个与传统产品生命周期相反的模式，认为引入技术能够导致服务创新，服务创新符合渐进性创新、根本性创新和产品创新之一的过程，这就是"逆向产品周期理论"。虽然该理论存在一些不足，过于强调技术的主导作用，但Barras首先对服务创新进行了深入研究并提出了相应的理论，被认为是服务创新研究的开端。

服务创新驱动力模型是封闭视角下服务创新研究的代表性成果之一。在欧洲服务业创新系统研究项目中，Sundbo和Gallouj（1998）基于大量的欧洲服务企业调研结果，归纳出企业服务创新驱动力模型，如图2-1所示。在此模型中，企业服务创新的驱动力来自外部和内部。外部驱动力分为轨道和行动者，其中轨道是指社会系统中传播能够影响企业行为的概念和逻辑，驱动企业服务创新的轨道包括技术轨道、制度轨道、服务专业轨道、管理轨道和社会轨道，行动者包括竞争对手、顾客、供应商和管理部门；而内部驱动力主要包括企业的战略和管理、企业内部的创新部门和研发部门以及企业员工。关于服务创新的维度，大量的学者从不同角度开展了研究。例如，陈劲等（2002）通过对软件业的研究，认为服务创新维度包括服务概念、细分市场、文化和哲理、服务提供和形象等；其他学者还得出了如制度、社会、技术和管理，外部联系、内部体系和人力资源，员工能力、组织能力、高层领导能力、营销能力和知识管理能力，信息技术和政府，目标、团队、项目强度、信息存储与处理等不同要素组合。

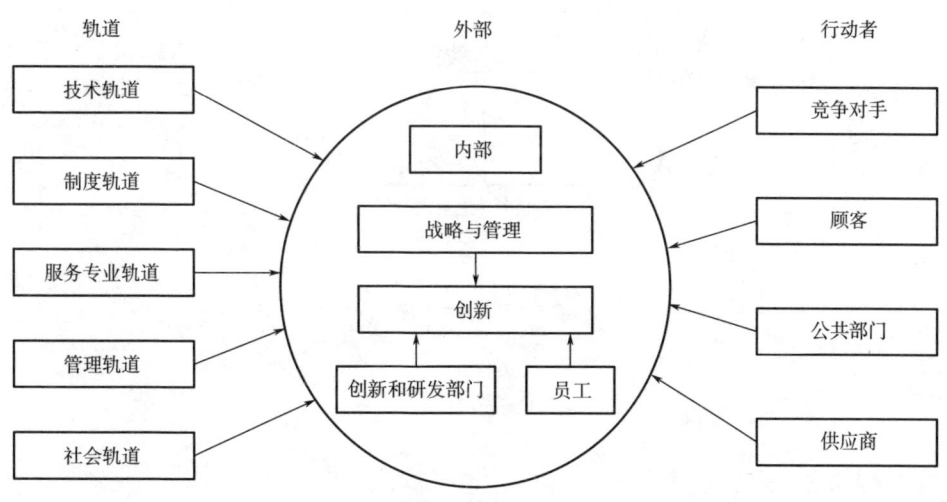

图2-1 服务创新驱动力模型

另一项代表性成果是Bilderbeek等（1998）提出的服务创新四维度模型，如图2-2所示。Bilderbeek等认为，服务创新包括新服务概念、新顾客界面、新服务传递系统和技术四个维度，服务创新可能发生在其中的某个维度，而在更多的情况下，是某几个维度组合的结果。四维度模型设定了服务创新的社会经济背景，将不同的内容维度有机联合起来，形成了多个要素共同作用的整合模型。学者们将服务创新四维度模型应用到各个领域，同时还对该模型进行了发展和扩充。例如，张瑾和陈丽珍（2015）利用该模型对支付宝的服务创新进行了解释，认为支付宝正是通过在四个维度上同时开展创新，才会取得巨大的成功；Hertog等（2010）进一步扩充了四维度模型，形成了新的服务创新六维度模型，包括构建新服务概念、顾客需求感知和技术选择、协作和共生、服务分解和组合、拓展服务范围、适应学习；黄立伟和黄健柏（2011）通过对中国通信企业的研究，提出了另外一种六维度模型，具体包括：新客户界面、新组织结构、新服务产品、新服务文化、战略协调选择、技术选择六个维度。

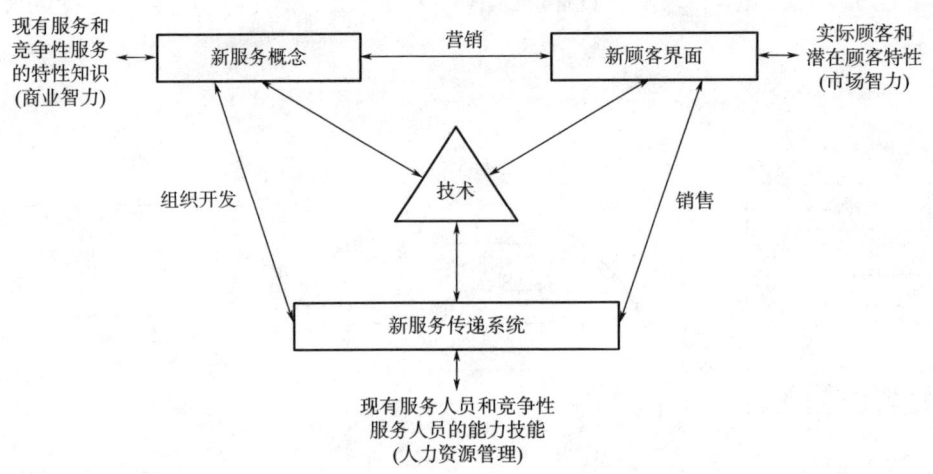

图2-2 服务创新四维度模型

2.1.3.2 开放视角

随着服务创新理论发展，学者们逐渐意识到服务创新的主体不仅是企业，顾客、供应商等越来越成为其中的关键角色，价值共创、网络环境也在其中发挥着重要作用，因此服务创新研究的视角也从封闭转向开放。

在这其中，知识密集型企业（knowledge-intensive business services，KIBS）是发展最快、潜力最大的服务业之一，因此其服务创新研究进展尤为迅速。Miles等（1998）对知识密集型服务企业进行了界定，提出了三个特征，即私人企业或组织、拥有领域的专业知识、以专业知识为基础提供服务和产品，并将其划分为传统专业服务组织（P-KIBS）和基于新技术的服务组织（T-KIBS）两类。因为KIBS以知识为基础，所以知识转移在服务创新中的作用成为这一领域的研究重点。Hauknes（1998）提出KIBS能够帮助转化知识、解决问题、生产知识，促进企业与研究机构的学习与沟通。Larsen认为知识不仅是内部资源，更通过知识扩散系统在系统中共享。魏江等通过分析KIBS的功能，概括了其新的特征和在宏观创新系统中的关键作用。王琳等（2017）基于探索性学习的中介作用和技术能力的调节作用，研究了知识密集服务关系嵌入对制造企业服务创新的推动作用。

ICT技术的迅速发展和互联网的广泛普及，改变了服务创新的参与主体、创新模式、资源来源和组织方式，服务创新的网络特征日益明显，探索各参与主体的互动关系、社会网络特性以及网络环境下资源获取和整合的研究日益兴起。

多主体参与是服务创新网络的一个研究方向。Verworn等（2000）通过分析得出，创新的来源同时包括顾客（50%）、销售（18%）、员工（11%）、公司领导（7%）、供应商（7%）、竞争对手（7%）。Smith和Fischbacher（2005）指出服务创新既涉及管理者、研发团队、员工等内部人员，也包括顾客、供应商、销售商等外部利益相关者。此后，不同学者采用多种研究方法，分别探讨了员工、管理者、顾客、供应商、合作伙伴等不同主体在服务创新中的作用。鲁若愚等（2010）在之前研究的基础上，构建了服务创新参与主体三角形，对多主体参与的服务创新进行了全面归纳和总结。在这个模型中，参与者分为三类，服务企业内部人员如员工、领导者等为主服务商，供应商、中间商等为伙伴商，第三类是顾客，不同主体通过战略、组织、市场等管理起来，共同促进服务创新。基于多主体参与的理论，易军等（2012）构建了多主体参与的服务创新过程模型，而张红琪和鲁若愚（2014）则提出了多主体参与服务创新的影响机制并进行了实证检验。

社会网络视角下的服务创新成为另一个研究方向。Syson和Perks（2004）指出了企业社会网络对于服务创新的重要性，因为关系网络中的角色影响到他们获得有形和无形资源。Kraut等（2002）认为，通过社会网络中"丰富"的沟通机制和多人合作，能够帮助企业获取创新中的重要知识。Zhao等（2010）认为行为者之间的空间距离可以促进或阻碍有效的知识交流，并在服务创新网络的形成及服务创新中发挥关键作用。同样，认知距离也在服务创新中扮演着相似的角色，因为较大的认知距离可能会导致行动者间的误解和行为的不一致。Dooley和O'Sullivan（2007）还指出网络中行动者之间的信任是服务创新网络的另一个关键决定因素，信任的存在确保了行为者之间相互作用的稳定性，并以长期成功的代价降低了短期收益的机会主义行为的可能性。王家宝和陈继祥

（2011）基于多案例研究发现，社会网络中关系嵌入的程度会影响行动者之间的信任，进而影响行动者的协作行为，从而改变服务创新的结果。简兆权和柳仪（2015）通过调查问卷和实证分析，证实了关系嵌入性、网络能力对服务创新绩效的促进作用。白鸥和魏江（2016）通过两个案例的对比分析，研究了服务创新网络基于制度和基于情感的不同关系治理方式。

网络环境下资源的获取和整合是服务创新的第三个研究方向。Heikkinen和Still（2008）通过研究发现企业不一定拥有成功开展服务创新所需的全部资源，因此拥有不同资源的行为者往往会合作组建网络，行为者拥有的资源及其互补特征是服务创新成功的关键。Tether和Tajar（2008）同样提出资源的互补性会影响服务创新成功的概率，特别是在知识密集型企业中，互补知识的质量是服务创新的重要因素。制定、整合、传播、应用和存储开发新服务所必需的知识已经成为服务创新网络中服务创新成功的决定因素，因此彭本红和武柏宇（2017）提出通过跨界搜索获取知识、利用动态能力整合知识能够帮助企业更好地开展服务创新，李纲等（2017）也实证检验了网络能力、知识获取对企业服务创新绩效提升的作用。信息和通信技术（ICT）是服务创新过程中互动知识获取和转移的主要渠道，Nambisan（2013）提出ICT一方面可以作为对象性资源（静态、有形的资源）促进服务创新发展；另一方面还能够作为操作性资源（动态、无形的资源）触发新的服务属性。

在服务创新网络的研究过程中，学者们发现服务创新中的参与主体、资源和外部环境等形成了动态的关联，每个参与者的行动都会对其他参与者产生影响，并且和外部环境相互作用，所有行动者通过价值共创实现新服务的开发。Möller和Rajala（2007）指出企业行为不仅可以影响其在商业网络中的焦点位置，而且甚至可以影响网络本身。因此，服务创新网络已无法完全反映当前服务创新的特性，如何通过塑造商业环境提升运营能力、促进价值共创、推动服务创新成为企业面临的关键问题，从更加系统的角度研究服务创新也成为新的研究趋势。在众多的服务创新理论中，服务主导逻辑提出"以企业为中心"的单边范式向"企业与顾客合作"的交互范式转变，强调资源共享和价值共创在服务创新中的作用，提出并发展了服务生态系统的相关理论，因此被越来越多地用于服务创新研究的理论基础。在下一节将详细介绍服务主导逻辑的理论发展。

2.2 服务主导逻辑相关研究

正如前文所述，服务创新经历了同化视角——分界视角——综合视角的研究历程，现在越来越多的研究基于综合视角展开，而服务主导逻辑正是这样一种将产品和服务融合的综合理论，因此被广泛地应用于服务创新研究。

2.2.1 服务主导逻辑理论进展

2004年，Vargo和Lusch两位教授在 *Journal of Marketing* 上发表了一篇名为 *Evolving to a New Dominant Logic for Marketing* 的论文，正式提出了服务主导逻辑（service-dominant logic，SDL），并用它取代了商品主导逻辑（good-dominant logic，GDL），从而揭开了服务主导逻辑研究的序幕。

商品主导逻辑是建立在工业经济的假设和模型基础上。工业革命确定了工业在世界经济中的核心地位，制造业成为经济发展的支柱产业，因此生产性商品也就自然而然地处于经济活动的中心位置，服务则被认为是"次优"的产出，商品和服务之间存在着明显的界限。商品主导逻辑强调商品的交换价值，认为价值是在企业生产过程中创造的，在顾客对商品的使用过程中逐渐毁灭。

然而，随着经济的发展，服务业逐渐占据世界经济的中心地位，2016年服务业已经占到世界经济GDP的65.08%[1]，产品与服务融合的趋势也越来越明显，许多公司，例如，华为、苹果、IBM等都已经从硬件生产商转变为整体服

---

[1] 世界银行2016年统计。https://data.worldbank.org.cn/indicator/NV.SRV.TOTL.ZS。

务提供商，他们同时生产产品和服务，为用户提供解决方案。如苹果公司，利用iPhone、iPad、iTunes等软硬件系统和IOS开发平台，将产品、服务、开发者和用户紧密地联系在一起，向用户提供综合广泛的服务。因此现实社会中，很难明确区分产品和服务之间的界限，急需一种理论对这一趋势进行研究和指导。

鉴于此，Vargo和Lusch在2004年基于资源优势理论和核心能力理论提出了服务主导逻辑，共包括8个假设，建议将产品和服务统一到服务的视图中，消除了有形产品和无形服务的界限，一经提出就引发了学术界的广泛关注，众多学者对其进行了应用、研究和发展，服务主导逻辑也因此不断完善。Vargo和Lusch先后在2008、2016年对服务主导逻辑进行了补充和修订，其包含的假设数量也不断增加（2008年10个，2016年11个），具体命题内容和变化如表2-1所示。

表2-1　服务主导逻辑基础假设

基础假设	2004年	2008年	2016年
FP1	专业知识和技能的应用是交换的基本单元	服务是交换的根本基础	未改变
FP2	间接交换掩盖了交换的基本单元	间接交换掩盖了交换的根本基础	未改变
FP3	产品是服务提供的分销机制	未改变	未改变
FP4	知识是竞争优势的根本来源	操作性资源是竞争优势的根本来源	操作性资源是战略利益的根本来源
FP5	所有的经济都是服务经济	未改变	未改变
FP6	顾客总是共同生产者	顾客总是价值共创者	价值由多个行动者共创，其中总是包括受益者
FP7	企业只能提供价值主张	企业不能传递价值，只能提供价值主张	行动者不能传递价值，但能够参与价值创造和传递价值主张

续表

基础假设	2004年	2008年	2016年
FP8	服务中心论是顾客导向和关系的	服务中心论必然是顾客导向和关系的	服务中心论必然是受益者导向和关系的
FP9		一切社会和经济行动者都是资源整合者	未改变
FP10		价值总是由受益人独特地用现象学方法决定	未改变
FP11			价值共创通过行动者制定的制度和制度安排来协调

服务主导逻辑的基本假设大致可归为四类，包括服务的核心地位、资源与竞争优势、价值共创和服务生态系统观点。

2.2.1.1 服务主导逻辑重新定义了服务，突出了服务在经济中的核心地位

服务的特性包括无形性、异质性、生产与消费同步性和不可存储性，但实践中却难以用这些特性来界定服务。服务主导逻辑重新定义了服务：一个行动者为了自身或其他行动者的利益使用资源的过程。例如，IBM公司生产服务器并提供产品的技术支持、解决方案和故障处理，其实都是服务的过程。服务的新定义把产品与服务统一到服务视图中，改变了商品逻辑中对于服务的认识，消除了有形和无形的界限，更好地解释当前企业服务和产品融合的现象。同时，服务主导逻辑认为服务不是"次优"的产出，也不是产品的附加物，而是所有社会和经济活动的中心，是一切交换的根本基础，间接交换掩盖了交换的根本基础，所有经济都是服务经济，产品则是服务提供的分销机制。实际上，服务是所有经济交换的内容和目的。例如，渔夫通过卖鱼获得货币，再利用货币购买农夫生产的粮食，本质上是渔夫的捕鱼服务和农夫的耕作服务进行的交换，鱼、粮食等商品都是服务提供的载体，在实际生活中，这种间接交换过程被货币流通所掩盖，产品和服务的区别本质上是间接服务和直

接服务的区别。

2.2.1.2 服务主导逻辑重新对资源进行了分类和诠释，强调了操作性资源的作用

服务主导逻辑中的资源具有动态的属性，指的是能够让行动者获取帮助的所有要素，正如Vargo和Lusch所说"resources are not; they become"，资源是人类、文化和自然互动的产物，在行动者使用时创造价值。

源于Constantin和Lusch（1994）对资源的认识，服务主导逻辑把资源分为对象性资源和操作性资源两类。对象性资源指的是静态的、有形的资源，例如，矿产、机器设备等，而操作性资源主要是无形的、动态的资源，例如，知识、技能、能力等。商品主导逻辑把对象性资源看作核心资源，而知识、技能等则作为外部因素单向作用于竞争，即竞争对于操作性资源无法产生作用。服务主导逻辑则重点关注操作性资源，认为它们是竞争优势的根本来源，并且和竞争存在着互动关系，既能提升竞争优势，也会被竞争促进。对象性资源本身并不能产生竞争优势，当利用操作性资源作用于对象性资源时，就能够促进不同行动者间的资源整合，帮助企业获取竞争优势。特别是在当前数字经济背景下，知识、技能等操作性资源的地位越发重要，大数据、物联网、人工智能等无一不体现出操作性资源的重要性。

2.2.1.3 服务主导逻辑提出价值是由不同行动者共同创造的

商品主导逻辑强调商品的交换价值，生产者和消费者是割裂开的，价值由生产者创造，被消费者毁灭，而服务主导逻辑主张用"使用价值"来代替"交换价值"，把价值创造看作一个连续的过程，因此价值不是在交换的过程中产生，而是在使用的过程中实现。企业、顾客、供应商乃至政府都无法单独地创造价值，他们能够通过提供自身独特的价值主张，吸引别的行动者提供自身的宝贵资源，通过资源整合和服务交换的过程，实现价值共创。当前迅速发展的共享经济很好地体现出价值共创这一过程，共享经济的代表企业如美团单车、Uber、Airbnb等，都必须依赖用户的使用才能推动价值的实现。当共享单车、汽车、房屋等闲置的时候，它们并不能产生价值，只有用户被这些企业的价值

主张，如美团单车的"让自行车回归城市生活"、Airbnb的"旅行中也能像当地人一样生活"所吸引，利用自己的网络、知识、技能等资源，运用这些闲置的物品，价值才会被创造出来。

但服务主导逻辑同时也指出，每个行动者获取的价值是不同的，价值总是由受益人独特地和现象地决定。例如，购买同样的手机，每个机主所拥有的知识和技能不同，使用手机过程中创造的价值也不相同，知识较少的用户可能只会一些如电话、短信等基本操作，而高端用户不仅能够使用手机更多的功能，甚至能够和企业协同进行手机软硬件的改进，创造出更多的价值。

2.2.1.4 服务主导逻辑指出服务生态系统是价值共创实现的场所

服务主导逻辑认为构建良好的服务生态系统能够保障价值共创的顺利实施。早期服务主导逻辑聚焦于企业和顾客的二元关系，强调企业和顾客的作用，认为企业和顾客是实现价值共创的主要参与者，然而这种观点存在一定的缺陷。随着社会网络的扩大和信息通信技术的发展，越来越多的行动者，诸如企业员工、供应商、研究机构、竞争对手、政府等，都参与到价值共创的过程中来，正如服务主导逻辑认为，所有的社会和经济活动中的行动者都是资源整合者，他们都扮演同样的角色，通过资源整合实现价值共创。并且这些行动者并不是孤立的个体，而是通过提出自己的价值主张，与其他感兴趣的行动者相互连接，构成价值共创的系统。

Vargo和Lusch（2010）用服务生态系统来指代这些系统，并将其定义为：自发感知和响应的松散耦合时空结构，在系统中不同社会和经济行动者依据自己的价值主张，通过制度、技术和语言进行互动，实现服务共同生产、相互提供和价值共创。因为服务生态系统具有松散的耦合结构，因此不同行动者可以轻松参与服务生态系统，与其他参与者交流，并自由地决定如何以及何时对其他行动者的价值主张做出回应或采取行动。行动者的每项活动，包括资源整合、服务交换和价值创造，都将在一定程度上改变生态系统的性质，从而改变下一次资源整合和价值创造的背景。因此，服务生态系统不仅是网络，而是一个自组织的自治系统。服务生态系统中的价值共创则可看作众多行动者在制度和制度安排约束下，通过资源整合和服务交换为自己或其他行动者创造价值的过程。

综上可以看出，服务主导逻辑引发了对服务的重新思考，理论中的核心思想得到了学术界和实务界的广泛支持，并在发展过程中形成了价值共创、服务生态系统等热点议题。因此，Barrett等（2015）呼吁将服务主导逻辑应用于服务创新，以期获得新的研究结论和贡献。狄蓉和徐明（2015）同样注意到服务主导逻辑在服务创新、价值共创中的作用，提出构建服务创新的价值共创系统。李雷等（2013）在归纳了服务主导逻辑相关研究之后，提出了新的研究方向，认为在服务生态系统视角下进行服务创新研究将有助于服务主导逻辑理论的发展和深化。

2.2.2 服务生态系统中服务创新的相关研究

2.2.2.1 服务生态系统的概念与特征

生态系统是一个由生物和非生命要素如空气、水、土壤等组成的社区，在这个社区中生物和非生物成分通过营养循环和能量流相互作用、相互依存。生态系统包括生物之间以及生物与环境之间的相互作用，可以是任何规模，但每个生态系统都有一个特定的、有限的空间❶。随后，生态系统的思想被应用于多种情境，产生了商业生态系统、创业生态系统、创新生态系统、产业生态系统等诸多概念。

由服务主导逻辑理论发展而来的服务生态系统观点同样借鉴了生态系统的思想，强调系统中的多个行动者以及行动者之间、行动者与环境间的相互作用，被看作"服务系统的系统"。根据Merriam-Webster词典，系统是"有规律的相互作用或相互依赖的单位组成的整体"，通常系统成员在生态社会结构中共同行动以达到共同目的。同样，服务系统是"人，技术，连接内部和外部服务系统和共享信息的价值主张的价值共同创造配置"。最小的服务系统以个人与他人互动为中心，最大的服务系统是全球经济体系，此外企业、城市、政府

---

❶ 资料来源：维基百科。https://en.wikipedia.org/wiki/Ecosystem。

机构、国家都可以看作服务系统。Vargo和Lusch（2011）认为服务生态系统是通过制度、技术和语言互动松散耦合的时空结构，在其中，社会和经济主体能够自发感知和响应，以共同生产服务和产品、进行相互服务、共同创造价值，这些服务系统既能够通过共享或应用其资源来改善另一个系统的状态，也可以通过获取外部资源来改善自身的状态，而所有的行动者相互连接构成的A2A网络是服务生态系统的基础；同时文中还提出了服务生态系统的相关特征并进行了解读，见表2-2。

表2-2 服务生态系统特征

序号	特征	解释
1	自发感知和响应	行动者与其他行动者互动，并使用他们的感官来确定如何以及何时做出反应或采取行动。随着信息技术的发展，这种感知和应对行为越来越自发
2	空间和时间结构	行动者和资源分布在广泛的地理空间和时间维度上
3	极大地松动耦合	行动者通过软连接与硬连接，实现与组织内外的其他行动者的互联
4	提出价值主张的行动者	行动者不能为其他行动者创造价值，但可以提出具有价值潜力的价值主张
5	语言、符号、制度和技术的使用	要成功互动，行动者需要一个共同的语言，依靠这些语言和其他社会制度（例如，货币体系、法律等）来管理用户接口和交换行为技术，特别是创新驱动着系统演进和运行
6	共同提供服务	行动者邀请其他行动者协同提供服务
7	参与相互服务提供	行动者不能有"搭便车"的行为，必须通过直接或间接的服务交流（例如，货币或广义互惠）来帮助其他行为者
8	共同创造价值	行动者将服务产品与其他资源（包括其他服务产品）整合在一起，创造出独一无二的情境价值

之后服务生态系统的研究持续深入。Chandler和Vargo（2011）研究了环境在服务提供中的作用，将服务生态系统划分为三个层面：微观层面，个体之间

直接的服务交换；中观层面，三元组之间的间接服务交换；宏观层面，复杂网络中的服务交换。

Vargo和Akaka（2012）指出社会和技术的有效连接必须通过资源整合实现，服务生态系统则提供了相关的机制保障资源整合的顺利进行。

Kutsikos等（2014）通过文献综述，从服务科学的角度研究了发展和管理服务生态系统的方法，并提出了服务生态系统的发展框架，包括服务地图、互操作模型和共享的服务基础设施。

Meynhardt等（2016）研究了服务生态系统中价值共创的机理，提出了价值共创的九个系统原则：关键距离、稳定性、放大、内部决定、非线性和反馈、相转变、打破对称、有限的可预测性和历史依赖。

Banoun等（2016）通过对五个服务中心与其内部客户关系的纵向分析，提出了服务生态系统演进的理论模型，证实了服务生态系统中行动者的关系由二元主导关系向三元主导关系直至复杂网络中所有行动者直接或间接作用的演进过程。

Taillard等（2016）通过案例研究的方法，引入共同意图这一概念作为制度的一个方面，说明了共同意图在微观、中观、宏观层面中以及不同层面之间行动者互动中的作用，解释了共同意图如何驱动服务生态系统逐步跨越不同的层面。

Koskela-Huotari和Vargo（2016）则基于服务生态系统视角和制度理论，强调了制度在服务生态系统中的作用，认为制度不仅赋予资源独特的价值，还是资源整合的规则，因此是价值共创和服务生态系统发展的重要因素。

基于最新的研究成果，Vargo和Lusch（2016）重新定义了服务生态系统：资源整合者通过共享制度安排和基于服务交换的相互价值创造连接起来，形成的相对独立、自我调节的系统，并用图2-3描述了服务主导逻辑中的价值共创过程。

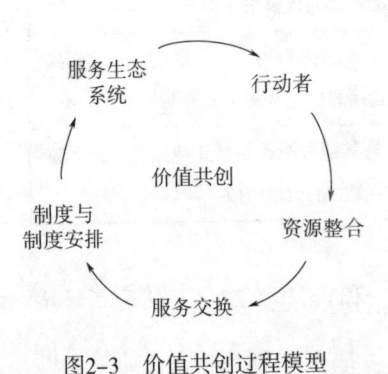

图2-3 价值共创过程模型

2.2.2.2 服务生态系统中的服务创新研究

随着服务生态系统相关研究的逐渐深入，众多学者开始对服务生态系统中服务创新进行研究，并得到了诸多结论（表2-3）。

表2-3 服务生态系统中服务创新研究梳理

学者	服务创新要素	主要观点
Edvardsson和Tronvoll（2013）	资源和模式的变化 行动者的互动实践	服务创新源于新资源配置或新模式的结构变化
Akaka和Vargo（2014）	技术	技术作为操作性资源，是服务创新的来源
Aal等（2015）	价值共鸣 品牌创新 资源整合	价值共鸣是服务创新的基础，基于价值共享的品牌创新整合、跨越服务体系边界的资源整合可以促进服务创新
Lusch和Nambisan（2015）	A2A网络 资源整合 服务平台 IT能力	服务创新是发生在A2A网络中资源整合和价值共创的协作过程，服务生态系统、服务平台、价值共创构成了服务创新的实现框架
Skålén等（2015）	价值主张 资源整合	服务创新是通过创建、整合或开发实践和资源来生成新的价值主张
Vargo等（2015）	制度化过程	制度的维护、破坏和变迁是技术和市场创新的中心过程
Åkesson等（2016）	价值主张 资源整合	一线员工通过认知、实践和话语测试驱动潜在价值主张来促进服务创新
Koskela-Huotari等（2016）	制度化过程 资源整合	服务创新是通过管理服务生态系统资源整合实践制度安排的变化而形成的
Siltaloppi等（2016）	制度的复杂性	制度复杂性——行动者相互矛盾的行动方案所面临的制度安排的多样化——促进了服务创新
Frey等（2017）	IT	IT可以作为对象性资源和操作性资源在服务创新中扮演多重角色

续表

学者	服务创新要素	主要观点
Di Pietro等（2018）	价值主张 行动者合作 资源整合 制度化	服务创新取决于四个驱动因素：新的价值主张、与战略行动者合作、整合资源和实践、制度化的规则
Polese等（2018）	行动者 技术 制度 资源整合	智能旅游生态系统中的服务创新是由行动者、技术、制度和资源整合共同驱动的

资料来源：论文整理得到

Edvardsson和Tronvoll（2013）将服务创新定义为源于新资源配置或新模式的结构变化，这种变化将导致对特定环境中的参与者有价值的新实践，并提出了三条命题：焦点服务系统中资源和模式之间相互依赖性的变化是服务创新的源泉；必须在实践中研究服务创新，因为价值总是在特定的背景和时间内共同创造和评估的；服务创新总是以行动者为中心，并且与特定服务系统环境中的实践相关。

Akaka和Vargo（2014）利用结构化模型提供了一个技术在服务系统中的作用框架，分析了技术对人类行为（即实践）和制度的影响，基于服务主导逻辑扩展了该模型中技术的范围，提出技术可以被概念化为一种能够在其他资源上发挥价值的操作资源，从而成为价值共同创造、服务创新和系统（重组）形成的关键资源。

Aal等（2016）通过案例研究，对服务生态系统中创新资源整合的概念框架进行了扩展，并提出了四个指导理论：价值共鸣是服务创新的基础，基于价值共享的品牌创新整合可以促进创新，跨越服务体系边界的资源整合在价值共享基础上可以实现创新，基于价值观共鸣把体验室整合到连贯服务中可以支持服务生态系统中的新型资源整合和价值共同创造。

Lusch和Nambisan（2015）提出了服务创新扩大化的概念，强调创新是在行动者到行动者（A2A）网络中发生的协作过程，服务是为另一个行动者或自己的利益而应用专门的能力进行所有交流的基础，通过增加资源耦合和资源密度可以提升服务创新能力，资源整合作为创新的根本途径。同时，他们还提出服务创新的三方框架：服务生态系统、服务平台和价值共创。

Skålén等（2015）把服务创新定义为通过整合或开发实践与资源的组合形成新的价值主张。通过对八家公司的案例研究，确定了四种服务创新实现的典型方式，即适应，将现有资源以新方式融入现有做法中；资源创新，将新资源整合到现有或略微修改的做法中；实践创新，将现有或略有修改的资源整合在新的做法中；组合创新，将新资源整合到新的实践。

Vargo等（2015）基于制度理论，认为创新是新的有用知识的组合演化，制度化即制度的维护、破坏和变迁是技术和市场创新的中心过程，技术作为潜在有用的知识或价值主张，既是结果，也是价值共同创造和创新的中介，而市场创新是由价值主张的组合演变和新解决方案的出现和制度化驱动的。

Frey等（2017）借鉴Lusch和Nambisan在2015年提出的服务创新三方框架，通过对共享经济组织的多案例研究，认为IT能够作为操作性资源和对象性资源，在服务生态系统、服务平台和价值共创中发挥作用，而组织对IT作用的选择取决于中介交易的异质性和标准化水平。

其他学者，例如，Åkesson等（2016）、Di Pietro等（2017）、Polese等（2018）也基于不同的研究方法和研究对象，提出了类似的服务创新维度和服务生态系统中的服务创新观点，在此不一一赘述。

通过文献回顾可以发现，已有研究基于不同理论、从不同角度提出了多个服务生态系统中的服务创新要素，包括行动者互动、行动者网络、价值主张、价值共鸣、资源整合、制度复杂性、制度化、信息技术等。这些研究成果推进了服务创新理论的发展，深化了对于服务生态系统中服务创新过程的认识，成为本研究的重要理论基础。但当前研究也存在一些不足，例如，已有文献多是对服务创新的某个要素进行深入研究，缺乏系统性的理论框架，故未能在整体性框架中对服务创新要素进行全面分析；而且已有研究也多基于静态的视角，对于服务创新动态过程研究略显不足，未能解释不同要素在服务创新动态过程中的相互作用关系和扮演的角色。因此，本研究将针对存在的理论缺口进行深入探讨。

2.3 顾客价值主张及顾客参与相关研究

服务主导逻辑认为行动者不能传递价值，只能够提供价值主张，而行动者也会响应对自己有吸引力的价值主张，参与到服务创新过程，因此价值主张已经成为服务生态系统中服务创新的核心要素。价值主张在最初提出时聚焦于顾客感知价值，而服务主导逻辑扩大了价值主张的内涵，将其从顾客的角度扩展到供应商、政府乃至竞争对手等多个行动者。虽然服务生态系统中包括顾客、员工、供应商等多种价值主张，但顾客价值主张仍占据最为重要的位置。通过顾客价值主张，能够吸引顾客通过资源整合和价值共创参与到服务创新的过程中来，因此本部分将对顾客价值主张及顾客参与的相关研究进行归纳总结。

2.3.1 顾客价值主张相关研究

价值主张已经成为使用最为广泛的商业术语之一，许多学者指出了优越价值主张与组织绩效之间的联系，认为制定最具有吸引力的价值主张的公司将具有最佳的组织绩效，更有效地执行价值主张将导致持续的竞争优势和改善财务业绩，评估企业的价值主张是判断未来成功的关键手段。因此，价值主张广泛应用于战略、营销、商业模式、服务主导逻辑等研究领域，在不同的领域价值主张有着不同的概念内涵，如"产品营销口号""感知承诺""公司定位陈述""互惠承诺""企业家远见"等。本书聚焦于服务主导逻辑中顾客价值主张（customer value proposition，CVP）的发展，研究了从商品主导逻辑到服务主导逻辑中顾客价值主张的演进过程。

2.3.1.1 商品主导逻辑下的顾客价值主张

在商品主导逻辑中顾客价值主张是以企业为中心，聚焦于顾客群体的利益，价值主张和顾客价值主张的概念基本可以互换。最初的"价值主张"是由宝洁公司的品牌管理工作衍生而来，麦肯锡公司的Lanning和Michaels（1988）对价值主张进行了的全面描述，将价值主张定义为"以什么成本和什么价格向哪些顾客群体提供利益"，并提出"选择价值——提供价值——传递价值"的价值传递系统，认为企业在价值传递过程中包括三个连续的步骤：选择价值（即定位优惠），提供价值（即开发、生产和分销产品和服务），并通过营销活动和销售团队来传递价值，而价值主张则是价值传递的起点。

基于该研究，美国营销协会提出价值主张是承诺给顾客收益的总和，以换取顾客支付的货币（或其他价值转移）；顾客获取的价值是由公司营销工作承诺并通过交付和客户服务流程实现。同样，Aaker（1996）在品牌环境中定义了一个价值主张，即"通过功能性利益、情感利益和自我表达利益为客户提供价值"。

之后，顾客体验被引入顾客价值主张的研究之中。Lanning（1998）提出企业需要通过在消费体验中观察客户来定义价值主张的维度，顾客价值主张概念也被重新定义为"包括公司提供给顾客的价格在内一套完整的顾客体验"。根据Lanning的观点，其他作者在价值主张的背景下更加强调顾客的体验，认为顾客的品牌体验对于企业提供卓越的价值主张至关重要，并提出重点在于设计和传递客户体验，以确定价值主张的关键维度和实现形式。

随着研究的不断深入，顾客价值主张的研究范围逐步从概念内涵扩展到价值主张开发和构成维度等方面。Anderson等（2006）认为企业在开发价值主张时通常会采用以下三种方法：提供所有利益，确定企业可以为客户提供的整体效益；提出有利的差异点，提供相对于主要竞争对手的差异化利益；找到共鸣焦点，为特定的重要客户提供特定的关键优势。虽然第三种方法能够最有效地开发价值主张，但实际上企业往往采用第一种方法。

Rintamäki等（2007）将价值主张定义为"能够反映客户需求并为企业带来

竞争优势的战略管理决策的集合"，并通过对零售业的研究，识别了四种顾客价值主张：经济价值（基于商品或服务的价格）、功能价值（基于用户具体的功能需求）、情感价值（基于用户体验的需求）和社会型（基于用户自我表达的需要）。Lindič和Silva（2011）采用案例研究方法，以Amazon为研究对象，提出顾客价值主张的"PERFA"框架，包括性能（performance）、易用性（ease of use）、可靠性（reliability）、灵活性（flexibility）和情感（affectivity）。吴晓波等（2011）通过对B-C移动商务的研究，归纳出泛在性、方便性、个体性和位置性四种价值主张，并开发了对其进行测量的量表。

Ballantyne等（2011）对商品主导逻辑中顾客价值主张进行了全面归纳，确定了顾客价值主张的三个特点：顾客价值主张是向市场提供的，其固有价值由公司交付给顾客，顾客价值主张的构建过程没有任何直接的客户参与。

2.3.1.2 服务主导逻辑下的顾客价值主张

在商品主导逻辑中，价值是由企业交付给顾客的，顾客价值主张是价值交付的第一步，其关注重点在于提供价值的供应商。然而，服务主导逻辑认为价值不是由一方交付给另一方，而是由双方甚至多方共同创造的，因此服务主导逻辑则将重点转向顾客价值主张在顾客和供应商共同创造价值中的作用。相比之下，服务主导逻辑的视角更加全面，认识到顾客参与价值观念发展的必要性，从而扩大了价值主张的范围和内涵。

首先，服务主导逻辑将价值主张从顾客扩展到更为广泛的利益相关者。Frow和Payne（2011）从关系营销的角度，提出了六个市场领域的价值主张：招聘市场、内部市场、推荐市场、影响市场、供应商和联盟市场。Ballantyne等（2011）提出将价值主张应用于其他利益相关者，从而发挥出吸引新员工、改善公司与员工的关系、改善供应商和供应链协调、加强与股东沟通等不同的作用。例如，员工价值主张主要关注吸引和留住人才的员工，反映劳动力不同阶层的不同价值观、愿望和期望；从员工的角度来看，价值主张阐述了雇主组织的比较优势，不仅描述了工资等契约利益，还描述了其他重要的差异化因素,其中包括企业品牌。供应链文献讨论供应商价值主张,主要侧重于其协调作用,帮助识别个体供应商和焦点企业之间创造价值的机会。Maglio和Spohrer(2013)同样认为价值主张包括四个主要利益相关者:顾客、供应商、管理者和竞争对手。

其次,服务主导逻辑重新定义了价值主张,赋予了价值主张新的内涵。

Kowalkowski(2011)研究了企业对企业的价值主张,强调了客户参与共同创意活动的潜力,并提出了价值主张开发的四个指导原则:重视价值使用的价值主张更有可能满足多个评估者的需求,而不是强调交换价值;在销售过程中,相对强调使用价值和交换价值通常会随时间而变化;交换价值与使用价值之间的差异较低,其中交换价值表现为与客户价值创造相关的连续财务反馈;客户和供应商之间的关系越紧密,价值主张的重点就越重视使用价值。O'Cass和Ngo(2011)认为价值主张除了对于绩效和定价优势至关重要外,在关系建立价值和价值共同创造中同样发挥着重要作用。Payne和Frow(2014)通过对医疗部门价值主张开发过程的研究,提出价值主张是组织向客户提供的产品,代表客户在使用体验期间和之后将获得的价值优惠承诺。Payne等(2017)对顾客价值主张发展历程进行了系统回顾,按照理论发展趋势将其定义为"为目标客户提供卓越价值、促进组织交流、提升共享资源能力的战略工具",并提出了今后的研究方向。

最后,服务主导逻辑强调价值主张在资源整合和价值共创中的作用,为服务创新中价值主张的相关研究提供了理论基础。

Ballantyne等(2011)认为行动者之间的交流互动包括三个相互关联的阶段:价值主张,评估具体交互式沟通事件在发展关键角色之间的相互价值主张;资源整合,评估行为者之间的具体综合网络联系;价值使用,将对方集成的商品和其他资源的价值评估为自己的价值创造过程。Saarijärvi(2012)沿用了Rintamäki等对顾客价值主张的分类,研究了不同类型的顾客价值主张(经济型、功能型、情感型和社会型)在价值共创中的作用。Frow等(2014)基于服务生态系统的视角,通过对乐购和澳大利亚老年护理结构案例的研究,提出价值主张是服务生态系统中资源共享的动态调整机制,在服务生态系统的微观、中观和宏观层面行为者之间的资源提供方面探讨价值主张的作用。Chanlder和Lusch(2015)提出了价值主张强度这一概念,通过理论框架的构建揭示了价值主张在服务体系中发挥的根本作用,认为价值主张是一个行动者向另一个行动者发出的参与服务交换的邀请,推动了价值主张相关理论的发展。Skålén等(2015)通过对八家企业的案例研究,研究了价值主张与服务创新的关系,认为开发现有的或创造新的实践方法和(或)资源创造新的价值主张能够推动服务创新,并提出服务创新必须引导,价值主张也必须从顾客价值角度创造,成功的服务创新不仅需要具备正确的资源,也需要通过实践将这些资源整合到有吸引力的价值主张中去。

尽管价值主张构成了服务主导逻辑的中心基础前提,但在相关文献中,对它们的具体讨论却很少,Skålén等(2015)在将价值主张与具体实践和资源配置联系起来方面提供了一些有益的进展,但对于价值主张与创新过程之间的联系尚不清楚。与此同时,实践中很多企业却缺乏价值主张的开发,Frow和Payne(2011)调查发现,只有不到10%的公司把价值主张作为组织战略进行开发和使用。缺乏正式的组织活动发展顾客价值主张会阻碍企业的成功。相反,如果能够评估和量化顾客价值主张对服务创新的积极影响,则会激励更多企业开发和增强其顾客价值主张。因此识别和管理顾客价值主张成为企业的战略要求和管理研究中的重要主题,对于企业服务创新意义重大。同时,虽然服务主导逻辑提出了众多利益相关者的价值主张维度,但顾客仍然是最为核心的角色,而顾客价值主张因其能够吸引广泛的顾客参与,帮助企业了解市场需求、扩大市场规模,占据着最为重要的位置。因此,本书将聚焦于顾客价值主张与服务生态系统中服务创新的关系研究。

2.3.2 顾客参与相关研究

商品主导逻辑认为企业创造价值,而顾客是价值的接受者和毁灭者;服务主导逻辑改变了这一观点,将顾客作为参与价值共创的行动者。实践中,顾客参与已经成为企业生产和服务的重要环节，特别是对于高信任、高接触属性的服务企业，顾客参与能够增强企业与顾客间的信任，帮助企业获取顾客需求，促进企业服务的迭代升级，从而获取持续性竞争优势。

对于顾客参与的定义，大致可分为两类。第一类认为顾客参与是顾客在服务生产和传递过程中参与企业发展的行为，例如张正林和杨小红（2016）把企业生产和服务过程中顾客投入体力、精力的行为定义为顾客参与。而第二类定义认为顾客参与是企业服务过程中顾客提供资源、合作生产的卷入程度，例如Hsieh和Yen（2005）认为顾客参与就是顾客与企业合作生产和传递服务过程中提供时间精力和信息等资源的程度。而对于顾客参与的角色，可以分为六类：①顾客只有购买行为，未参与企业的生产与服务过程；②顾客作为利益主体"象征性参与"，即企业通过收集顾客信息进行方案设计；③顾客通过向企业提供信息"建议式参与"，间接地提供决策信息；④顾客作为专家在开发项目中部分或全程"弱控制性参与"；⑤顾客作为与企业合作的开发者积极参与到整个过程的"过程参与"；⑥顾客作为唯一的开发者进行"强控制式参与"。和定义类似，学者从不同的研究视角对顾客参与服务创新的维度进行了划分和衡量，表2-4对相关内容进行了归纳总结。

表2-4 顾客参与维度划分

学者	顾客参与的维度	研究内容
Nambisan（2002）	资源投入 价值创造 产品使用	研究虚拟社区中顾客参与对于价值创造的作用
Fang（2008）	信息提供 共同开发	研究顾客参与对新产品创新和市场速度之间的关系
彭艳君（2010）	事前准备 信息交流 合作行动 人际互动	以美发业为研究对象，开发了中国情境下顾客参与的量表

续表

学者	顾客参与的维度	研究内容
张童（2013）	信息分享 合作开发 使用和推广	从感知利益和感知风险权衡的视角，研究顾客参与现代服务业服务创新的机制
张瑾等（2015）	信息提供 合作生产 人际互动	基于组织学习视角，研究顾客参与对KIBS创新绩效的影响

资料来源：论文整理得到。

顾客参与同样在服务创新中扮演着重要角色，特别是服务创新自身的特性：无形性、难以规则化、新颖性范围广和顾客导向性，更决定了服务创新中顾客参与的必要性和可行性。不同学者对于顾客参与服务创新有着不同的定义。周冬梅和鲁若愚把顾客参与服务创新视为企业根据自身的创新战略，在不同的新服务开发阶段吸引合适的顾客以恰当的形式参与服务创新的过程。Carbonell等（2010）将顾客参与服务创新定义为顾客在新服务开发不同阶段与服务企业之间的互动行为。张红琪和鲁若愚（2014）将其定义为服务创新过程中顾客提供的信息、资源以及行动和努力，并将顾客参与服务创新的程度划分为低度、中度和高度。

对于顾客参与对服务创新绩效的影响，学者们普遍认为顾客通过提供知识、能力、信息等资源参与到服务创新过程中，能够减少服务创新的不确定性，提升服务创新质量，缩短服务创新周期，从而提升服务创新绩效，相关的研究内容则包括顾客参与的动因、中介机制以及取得的效果。

Nambisan（2002）认为顾客参与服务创新可以获得的利益分为满足自身需求的服务利益，社会认可、地位、归属感和成就感等创新社区相关利益，以及自我效能、乐趣、挑战等媒介相关利益。在此基础上，范秀成和王静（2014）把顾客参与服务创新的动机分为内在动机（包括个人的兴趣、爱好以及自我实现需求）和外在动机（包括地位提升、社会认可和物质奖励），并据此设计了相应的激励机制。卢俊义和王永贵（2011）通过文献回顾和理论推演，着重研究了顾客知识转移在顾客参与服务创新绩效中的中介作用，并将顾客知识转移划分为知识转移效果和知识转移内容两个维度，构建了理论模型。王玖河和刘琳（2017）通过结构方程证实了顾客感知到的风险、企业的支持以及顾客的控制欲是顾客参与价值共创的主要动机，而且顾客参与的行为对于顾客感知价值和顾客忠诚具有明显的正向影响。

由以上文献综述可以看出，虽然顾客参与对服务创新绩效的提升作用已经得到广泛认同，学者们也提出了顾客参与的种种动因，但目前学者尚未深入探讨顾客价值主张对于顾客参与的作用，特别是在服务生态系统的环境中将顾客价值主张、顾客参与及服务创新绩效有机联系的研究较少。

2.4 NK模型相关研究

NK模型由生物学家Kauffman（1993）提出，最早用于评估生物进化问题，该模型能够通过模拟基因的变化分析系统的演进过程。Kauffman教授提出生物本身就是一个复杂的系统，生物体中包含的基因在系统内部相互影响、相互作用，某个或某几个基因突变，不仅会影响这些基因的状态，还会影响其他相关基因的状态，从而促进了整个生物系统的演化。NK模型可以通过分析系统内部元素之间的相互作用来研究复杂适应系统的演化过程，因此该模型迅速应用到多个领域。

在NK模型中，N和K是两个关键参数，NK模型也由此得名。N表示系统内要素的数量，每个要素都拥有许多不同的形态，所有这些要素不同状态的集合完整地描绘出这个系统。而参数K指的是与一个要素相互关联的其他要素的数量，即一个要素的状态变化会影响其他K个相关要素。为了更好地解释系统演化过程，NK模型中引入了适应度景观（Fitness Landscape）这一概念来表示系统的状态，即把生物进化的过程用一个个"山峰"和"山谷"进行表示，山峰意味着适应度景观的值较高，山谷则相反。

Kauffman指出，NK模型中仅仅与N和K的数量相关，与其他参数关系不大，所以在NK模型的使用过程中，通常将要素的状态A设置为两种：0和1，所以一个拥有N个要素的系统共存在2^N种状态。例如，一个系统如果由3个要素组成，那么系统则包括（0,0,0）、（0,0,1）、（0,1,0）、（1,0,0）、（0,1,1）、（1,0,1）、（1,1,0）、（1,1,1）共8种状态，系统的适应度则由这些要素共同决定。

参数K是决定系统复杂程度的关键因素，显然其取值范围为0到N−1。如果K的值较小（例如，K=0），则意味着系统内所有元素都相互独立，因此系统对应的适应度景观就会非常平滑，在其中只存在一个峰值（全局的最高适应度）。随着K值的增加，山峰和山谷不断增加，景观也变得越来越复杂，相应地，很难到达最高的适应度（图2-4）。

(a) 平滑的适应度景观图　　(b) 崎岖的适应度景观图

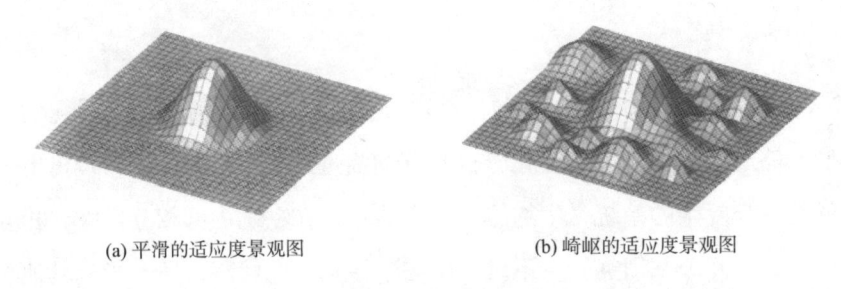

图2-4　适应度景观图

在NK模型中，系统整体的适应度景观值由各个要素的平均值得到。由于系统的结构十分复杂，而且各个要素间非线性关系，很难得到一个准确的系统适应度函数。针对这种情况，Kauffman提出了如下解决办法：如果某一要素或者其他对其有影响的要素状态发生变化时，就从（0,1）的集合中随机给状态发生变化的要素赋值，并将该随机数作为要素对于系统适应度景观值的贡献值，那么可以得到：

$$F=\frac{1}{N}\sum_{i=1}^{N}f_i, \ i=1,2,3,\cdots,N \quad (2-1)$$

当一个要素的状态由0变为1时，该要素和与其相关的K个要素的值就会发生变化，系统的适应度也会随之变化，如果新的适应度值大于原有的适应度值，就保留这种变化，反之则拒绝这种变化；多次重复这一过程，直至达到全局的最高适应度值，即实现系统的最优化。通过不断改变系统中要素的状态，使系统达到全局最高适应度的过程，就被称为"攀爬"过程，它反映出系统的演化路径。运用NK模型对系统进行研究的步骤包括：确定参数N和K，计算系统中每个状态的整体适应度值，评估系统的最佳攀爬路径。

目前，NK模型在各个领域中得到广泛应用。Chae（2012）利用NK模型对服务创新的演化过程进行研究，将服务创新要素分为顾客维度、供应商维度和地理纬度，分析不同的要素组合如何促进服务创新的发展，提出了八种不同的服务创新策略。高长元和何晓燕（2014）将遗传算法和NK模型结合，应用于高技术虚拟产业集群，研究了关系强度、创新方式和知识创新之间的关系，提出了几种关系强度和创新方式的匹配模式，得到了改进集群中知识创新适应性的相关建议。刘凯宁等（2017）总结了商业模式中的创新要素，利用DEMATEL方法研究了各要素间的相互影响关系，识别出关键要素的集合，之后利用NK模型进行仿真，研究如何选择商业模式的创新路径。Bai等（2017）将DEMATEL方法与NK模型结合，建立低碳供应链模型，并以三家中国制造企业为例，通过访谈获取相关数据，研究了低碳供应链的实践过程。

当前服务的概念已经从仅作为产品或商品的补充发展到企业与顾客共同创造的价值产品，其创新需要服务不同行动者合作，结合各种资源（如技术知识、市场知识和客户需求）以获得最优的服务创新成果。因此，服务系统是多种有形和无形资源的组合，这些要素来自包括科学理论、技术、管理、人员、业务流程等多个不同的领域。例如，医院服务是餐饮、管理、行政支持和医疗援助等多种元素的组合，而商业服务可能包括系统集成、运营服务、商业咨询和融资等。服务创新过程中，必须持续地进行这些要素的组合和配置，随着要素数量的增加，系统中的情况变得越来越复杂，服务创新过程必须快速、高效地使用资源，才能使服务生态系统能够进入更高的"高峰"。以复杂性理论进行相关研究，有利于服务创新研究的发展。因此，本研究将利用NK模型对服务创新各个要素及其相互作用进行仿真，提出服务生态系统中服务创新的最佳路径。

2.5 本章小结

本章首先基于同化视角、分界视角和综合视角介绍了服务创新的概念发展以及分类，综述了服务创新由封闭转向开放的研究过程。其次介绍了服务主导逻辑的发展历程，通过其中基础假设的变化解释了服务主导逻辑最新理论进展，进而阐述了服务生态系统的观点、概念和特性，详细评述了服务生态系统中服务创新的最新研究成果。在此基础上，把顾客价值主张这一服务生态系统中的服务创新要素作为研究对象，阐述了顾客价值主张、顾客参与的理论发展以及与服务创新之间的关系。最后介绍了NK模型的实现过程及其在服务创新等领域中的应用。上述文献回顾，为后续的研究奠定了理论基础。

第3章 服务生态系统中的服务创新模型构建

文献研究表明，服务生态系统已经成为服务创新发生的场所，服务生态系统中服务创新要素发生了哪些变化，它们如何在创新过程中发挥作用，已经成为新的研究热点。基于此，本章将以"摩拜单车"为例（现摩拜单车已被美团收购，更名为美团单车，但案例研究主要以摩拜单车的发展历程为研究对象，因此本文统一采用摩拜单车进行表述），运用单案例研究方法，通过剖析服务生态系统中服务创新的动态过程，揭示创新的要素及作用机理，构建服务生态系统中的服务创新模型，为后续研究提供理论框架。

3.1 案例研究设计

3.1.1 研究方法

案例研究方法作为社会科学研究中的重要方法，已经在心理学、政治学、社会学、经济学等多个领域得到广泛应用。通过分析案例获得初步概念，并将其与文献研究结合，可以使这些结论升华，加深对研究问题的认识，揭示现象背后的规律。

Eisenhardt（1989）提出案例研究可分为探索性研究、解释性研究和描述性研究三类。Yin（2003）对案例研究方法进行了系统归纳，指出案例研究适用于研究"如何"和"为什么"的问题，研究对象是目前正在发生，且研究者不能控制或只能进行极低程度控制的事件。本章试图构建服务生态系统中的服务创新模型，研究的关键问题是"如何"在服务生态系统中开展服务创新，而目前对于此问题的相关研究较少，现有理论尚不能系统深入地解释服务生态系统中服务创新的相关问题，因此适宜采用案例研究方法。此外，相较于多案例研究，单案例研究能够更加全面地收集资料，深入剖析案例演化的动态过程，进而抽象出隐藏在复杂现象中的规律和理论。

3.1.2 案例选择

单案例研究中，研究对象的选择需要注意典型性、启发性或极端性。依据这些原则，本研究选择"北京摩拜科技有限公司❶"作为研究对象。原因在于：第一，在摩拜单车的发展过程中，不仅吸引了大量用户的加入，他们在制度的约束下共同促进共享单车服务模式的创新与发展，构成了本研究的现实基础；第二，在众多的共享单车以及其他共享经济企业中，摩拜单车在共享单车中融入了大量的科技元素，用户数量、企业收入等占据领先地位，是数字经济中新业务形态的代表性企业，案例具有典型性；第三，摩拜单车在很短的时间内飞速发展，而传统的公共自行车行业经过了多年发展，市场规模仍然较小，通过对比两种不同的服务创新方式，发现其中蕴含的理论规律对中国产业结构优化、服务创新开展具有启发性。此外，共享单车一经推出就成为社会的热点话题，产生大量高层领导的访谈视频、采访文章、相关评述等媒体信息，可以获得丰富的数据资源。

2015年初在北京成立的摩拜公司，是一家通过物联网等信息通信技术为用户提供共享单车服务的互联网企业。摩拜公司把"让自行车回归城市"作为目

---

❶ 注册信息显示摩拜公司归属于科学研究与技术服务业。虽然公司主要业务为单车租赁，但在单车生产、服务推广、产品运营等各个环节，都融合了大量的物联网、无线互联网、移动支付、GPS定位等信息通信技术，并基于这些技术为广大用户提供服务，符合ICT服务企业特征，因此适合作为案例进行研究。

标，提出了"用人人负担得起的价格提供智能共享单车服务"，通过将GPS定位、物联网等信息通信技术融入自行车工艺，通过APP向用户提供随时取车、自动电子计费等功能，满足用户的短途出行需求，从而减少交通拥堵和环境污染。自2016年4月22日在上海首先推出共享单车服务后，摩拜公司已经进入国内上百个城市以及英国、日本、美国、意大利等国家，通过700余万辆摩拜单车，为超过2亿用户的智能便捷出行提供服务，每天用户的骑行次数超过3000万次，累计骑行距离超过56亿公里，减少了126万吨碳排放量。

3.1.3 理论框架

在案例研究过程中，为了避免在繁杂的数据分析中偏离研究方向，需要依据现有的理论框架为研究人员设定研究的原则和方向。在第二章的文献回顾中，总结了多种服务生态系统中的服务创新要素，具体包括行动者互动实践、资源整合模式变化、技术、价值共鸣、品牌创新、A2A网络、服务平台、价值主张、制度化过程、IT能力等。

为了最终确定服务生态系统中服务创新的关键要素，在文献研究的基础上，笔者邀请了15名服务创新领域的专家学者，并与他们就研究问题进行了深入交流，之后运用德尔菲法（Delphi method），经过三轮专家打分，最终确定了5个服务创新要素，包括A2A网络、价值主张、资源整合、制度化过程、IT能力等。本研究认为，以上5个要素基本涵盖现有关于服务生态系统中主要服务创新关键因素的相关研究，并且文献研究还发现，这些要素并不是相互独立的，而是相互影响和作用的，共同推进服务创新的发展，因此提出研究的理论框架如图3-1所示。

3.1.4 数据收集与分析

案例研究的结论是通过对收集信息的分析性归纳得到的，数据质量会直接影响结论

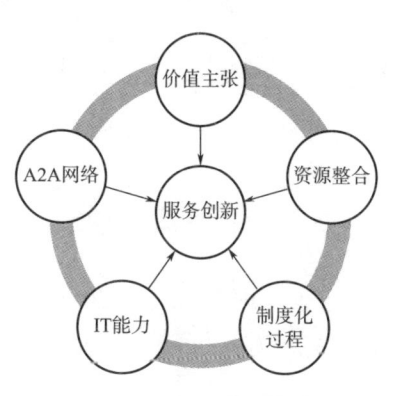

图3-1 服务创新理论框架

的可靠性，因此对于相关资料的收集尤为重要。为此，本研究遵循Yin提出的三个原则，收集分析案例的数据资料。

（1）使用多种证据来源。通过多种渠道，收集不同来源的数据资料，在分析的过程中使其相互印证，可以形成证据三角形，大幅提升研究的可信度。在数据收集的过程中，既有来自企业高管的访谈视频和文章、会议讲话、微博互动信息，也有来自企业官网、企业微信公众号、知乎专栏的数据，以及虎嗅、36氪等TMT网站的分析文章，还有来自对共享单车运营人员、服务人员以及包括"单车猎人"在内的用户访谈资料，这些资料提供了数据的三角验证。

（2）建立案例研究资料库。收集到的数据内容繁杂，类型多样，不利于数据的分析。在数据的收集过程中，对于获取到的不同形式的数据，按照预先设定的研究问题和理论范畴，进行整理、分类和归档，从而构建规范、直观的研究资料数据库，可以为后续分析提供良好的数据基础。

（3）形成一系列证据链。在案例研究的过程中，通过对资料库中的数据充分引用，说明数据来源、获取背景以及和研究问题的关系，按照案例研究的规范进行分析和论证，可以形成完整的证据链，增强案例证据的可信度。

对收集的数据进行分类、整理，提炼出其中的主题，并依据图3-1中的服务创新理论框架进行编码，将其归纳到不同的服务创新维度，按照这种方法共得到数据361条。

3.2 案例研究发现

3.2.1 行动者互动

Chandler和Vargo（2011）把服务生态系统划分为微观、中观和宏观三个层面，本研究也采用这种方式对行动者进行划分。通过分析收集的数据可以看出，在摩拜单车发展的过程中，内部员工、顾客、供应商、政府部门都作为创新的行动者参与其中，而且这些行动者之间并不孤立，某一个体的行为会对其他行动者造成影响，不同行动者之间相互联系、共同作用，协同推进了共享单车服务创新的发展，相关案例证据请见表3-1。

表3-1 行动者互动证据事例

测量变量	维度	条目数	证据事例
行动者互动	微观层面	28	我们需要与各种优秀的人才合作，降低制造成本，设计可调座椅，更精确寻找车辆，与各部门等打交道
	中观层面	29	中再生为摩拜单车提供回收处理等服务，减少环境污染，实现绿色闭环管理
	宏观层面	21	摩拜单车还获得了上海市政府的支持，包括增加单车停车点、公安力量保障车辆安全等
	不同层面	18	摩拜单车与众安保险达成合作，为用户的每次骑行提供保障

在微观层面，行动者的互动主要是个体之间以及个体与企业间的互动。从摩拜单车诞生之日起，就一直依赖微观层面行动者的互动。公司创始人曾讲道，"共享单车一直是一些零碎的想法，直到天使投资人提醒我'为什么不做一种可以手机解码开锁的共享自行车'，这些话像闪电一样击中了我"，可见共享单车的创意正是来自不同个体间思想碰撞的火花。共享单车想要设计一种可以四年免维护的自行车，找了多家自行车生产厂商，他们均无法满足这种设计要求。这一难题却被一位业余的自行车爱好者解决了，他利用汽车行业的工艺设计出满足要求的自行车，也就是第一代共享单车的原型。摩拜公司成立之初，用户并不信任，特别是还需要缴纳299元的押金，是公司员工通过自己的努力和诚意，不断宣传，终于说服了客户使用共享单车的服务。可以说，共享单车不断扩张的过程离不开创始团队、投资人以及员工的努力，他们积极贡献自己的知识、技能，参与共享单车的生产、设计和运营。此外，共享单车飞速扩张的过程也离不开广大用户的参与：除了积极向公司反馈使用感受，帮助发

现单车存在的问题，用户利用自己的社交网络，积极地向周围其他个体传播摩拜单车的业务，扩大用户群体。

中观层面，则主要是摩拜单车与供应商、科研机构间的互动。摩拜单车在生产过程中融合了大量不同行业的工艺和技术，因此需要越来越多的供应商参与其中。2017年5月，公司与陶氏化学有限公司签署合作协议，双方建立持续的战略合作关系，陶氏化学为其提供新材料、产品和解决方法，助力共享单车的发展。同一时间，太阳能薄膜生产厂家汉能也与公司达成合作，双方共同组建实验室，对移动能源、能源互联网等开发产品和技术、提供解决方法。此外，摩拜公司还与高通公司、中国移动研究院建立了合作关系，一方面通过与科研机构的合作提升公司的技术能力和用户使用感受；另一方面为各种新型物联网技术标准提供外场的测试环境，实现了多方共赢。

宏观层面的互动主要是指企业与各地政府部门、国家机构以及行业市场间的互动。在公司不断发展的过程中，多个政府部门都积极参与其中。济南是积极引入共享单车的城市之一，市政府为了更好地促进共享单车的发展，协同公司规划出许多专门的共享单车"停车场"，既方便了用户寻找和使用单车，提升了用户体验，又避免了单车乱停乱放影响交通安全和市容市貌。2017年，中国自行车协会正式宣布共享单车委员会成立，提出要将实体经济与互联网结合，促进供给侧改革，与政府合作加强行业管理，实现共享单车产业的自律和持续发展。与此同时，国家信息中心、交通部等国家机构也出台了相应的政策法规，一方面为共享单车行业发展提供良好的发展环境；另一方面为企业指明了发展方向。

而且，这些不同层面的行动者并不孤立，相反他们相互联系、相互影响。例如，由于用户骑行共享单车的时候发生了交通事故，引发了用户以及公司对于骑行安全的担心，为了消除这种顾虑，公司与众安保险公司合作，为用户的每次骑行提供保险服务，在微观层面企业与用户的问题推动了中观层面公司与众安保险的互动。用户使用共享单车时，个别用户存在胡乱停放、私自加锁甚至破坏单车的行为，企业有时也出现过量投放单车影响交通的情况，为了规范企业和用户行为，促进共享单车行业的有序发展，交通运输部出台了《关于鼓励和规范互联网租赁自行车发展的指导意见》。在这个过程中微观和中观行动者的行为促进了宏观层面行动者推出新的政策，而这些政策又会反过来影响微观和中观层面行动者的行为。

3.2.2 持续资源整合

Peters（2016）把服务生态系统中的资源整合分为同质性资源整合（homopathic resource integration）和异质性资源整合（heteropathic resource integration），而摩拜单车也是通过这两种方式整合资源实现企业不断发展，相关案例证据请见表3-2。

表3-2 资源整合证据事例

测量变量	维度	条目数	证据事例
资源整合	同质性资源整合	15	富士康能够为摩拜单车增加500万辆/年的产能，从而使总产能达到1000万辆/年
	异质性资源整合	33	汉能将为摩拜单车提供量身定做的移动能源解决方案，利用太阳能为单车提供能源

同质性资源整合具有累加效果。举例来说，有苹果和橘子两种水果，先吃苹果、再吃橘子，或者先吃橘子、再吃苹果获得的营养是一样的，这就是一种累加效果。对于摩拜单车来讲，历经几轮融资，获取大量资金支持，就是一种同质性资源整合过程。依靠这些投资、合作，摩拜单车企业规模不断扩大，迅速进入了上百个城市，用户超过2亿人，但其商业模式、核心产品、服务方式等并未发生变化。

异质性资源整合为公司的发展提供了更加强大的动力。传统公共自行车租赁产业无法成功的主要原因就在于：开户和销户手续过于烦琐，需要在固定时间，携带多种证件到指定地点进行办理，自行车必须到固定位置存取，而且自行车容易损坏，故障率较高，给用户带来了极大的不便。而公司通过异质性资源整合消除了这些缺点。通过将自行车租赁业务与移动互联网技术融合，推出了在手机上使用的APP，从开户到用车还车，再到销户，这一系列活动均可以在APP中方便快捷地完成，给用户带来了极大的便利。与此同时，通过整合新材料、新工艺，摩拜单车生产出坚固耐用的新型单车，采用发泡材料的防爆轮胎，避免了车胎损坏或没气的问题，传动系统采用了轴传动或KMC链条，使单车不再"掉链子"，大幅提升了用户感受。正是这些由异质性资源整合产生的新功能，使美团单车提供了众多传统自行车租赁无法提供的服务，从而成为数字经济中的代表企业。

除了企业外，其他行动者同样需要进行资源整合。作为摩拜单车的用户，在使用过程中，首先需要具备无处不在的移动网络资源，而且需要具有移动支付、APP以及单车骑行等多种能力，把这些能力整合后，才能够顺利地使用共享单车服务。也正是这个原因，使摩拜单车的用户以"80后""90后"居多，占到80%左右。而政府作为行动者之一，同样需要参与异质性资源整合。比如为摩拜单车划定专门的停车位，就是将政府的空地资源与摩拜单车的使用资源结合，实现了用户、企业和政府的共赢。

3.2.3 多样化价值主张

服务主导逻辑认为，行动者不传递价值，但是能传递价值主张，参与价值共创。在美团单车构建的服务生态系统中，每个行动者都有自己的价值主张，他们把这些价值主张在系统中传递。如果其他行动者被这一价值主张所吸引，就会提供资源积极响应价值主张，案例证据见表3-3。

公司成立之初就提出了"让自行车回归城市，使城市生活更美好"等价值主张，许多年轻人被这一价值主张吸引，虽然当时摩拜单车并不是知名的大公司，他们仍带着极大的热情义无反顾地加入其中，为企业发展贡献了自己的能力和青春。公司CEO曾提到，在选择投资机构时，最重要的就是"志同道合"，这里也可以理解为价值主张的一致性。

便利的短途出行一直是民众的需求，而这一需求因为种种原因，例如公交车覆盖密度不够、间隔时间长、自行车容易丢失等，长期未能得到满足。摩拜单车提出"用人人负担得起的价格提供智能共享单车服务用户",这一价值主张极大地吸引了具有短途出行需求的用户,他们积极地加入服务创新过程中,不仅利用支付费用的方式投入资金资源,还参与了摩拜单车的设计、运营和推广。正是由于广大用户利用自身社交网络资源积极推广,才使得公司在"几乎没有广告投入的情况下,占据了2016年旅游类APP下载排行榜第一名"。摩拜单车还提出,利用共享单车缓解交通拥堵、减少环境污染,这与各地政府的发展思路不谋而合,而长期困扰政府的"最后一公里"问题也可以得到有效的缓解,因此许多政府也积极支持摩拜单车的发展,通过提供公共资源、整体规划以及安全保障协助摩拜单车在本地的推广。

除了企业以外,其他的行动者也会提出自己的价值主张。用户在体验摩拜单车后,发现"车子很沉,不好骑""定位不准,有时候找不到车子在哪",提出了更轻便、定位更准确的价值主张,摩拜单车对这些价值主张做出了积极响应,推出了省力30%的新型自行车,以及可以精确到亚米的自行车定位功能。为保持市容的整洁和美观,公司花大力气改进单车的工艺和材料,使共享单车成为"城市的风景",并采取多种措施,引导用户规范停车。

价值主张并非一成不变,摩拜单车的价值主张也在不断变化。最早,公司提出让自行车回归城市,提供智能短途出行服务。但随着用户规模的扩大,每天产生了TB级的用户出行数据,而这些宝贵的数据资源带给了摩拜单车新的价值主张。基于这些数据,摩拜单车构建了大数据平台,与科研机构合作成立研究院,提出了新的价值主张:助力智慧城市建设。

表3-3 价值主张证据事例

测量变量	维度	条目数	证据事例
价值主张	企业	25	我们设计单车始终遵循的标准就是方便和便宜
	用户	37	希望单车能够更好骑,更方便地找到
	政府	21	希望构建可推广的智能公共自行车交通体系,为健康绿色城市交通系统提供示范

3.2.4 制度化过程

Vargo 等（2015）提出制度化过程是创新的中心过程，摩拜单车服务创新也需要通过制度化过程来实现，案例证据见表3-4。

表3-4 制度化证据事例

测量变量	维度	条目数	证据事例
制度化过程	制度环境	27	移动支付的普及为我们提供了便利，就连家里的老人买菜都使用微信了
	制度保障	32	公安机关组织专项活动，打击破坏共享单车的行为
	新制度形成	21	"用户行为的规范是一个过程。他们总会明白随时随地快捷便宜地使用自行车，不需要占有它"

摩拜单车的发展与当前的制度环境密切相关。由于环境的持续恶化，低碳环保、可持续发展越来越受到政府和民众的关注，在此背景下，摩拜单车提供健康环保的出行方式受到了广泛的认同。滴滴、优步等的发展，为用户普及了共享出行的观念。各类APP以及移动支付的快速发展，为共享单车的应用提供了基础。这些因素共同作用，为摩拜单车的服务创新发展提供了必要的社会环境和制度基础。

摩拜单车的发展离不开制度提供的保障。虽然绝大多数用户都能按照道德规范自觉地使用共享单车，但总有个别用户会做出不当的行为。例如，某男子把共享单车搬回自己家里，个别二手交易平台上还出现了出售共享单车的信息，这些行为就需要法律制度发挥作用。那名男子最终被罚款并判刑，而二手交易平台也对这类信息统一进行了删除，并停止了相关账户的交易资格。而且，摩拜单车区别于其他共享单车的特点之一就是大量技术的采用，这些技术为摩拜单车的领先提供了"技术壁垒"，而制度正是这一技术壁垒的基石，在专利保护等制度的作用下，这些技术成为公司发展的"核心优势"。

而且，只有当摩拜单车的服务模式为广大用户所接受，公司的服务创新才能够真正成功。众所周知，摩拜单车的使用需要用户的配合和政府的支持。如果存在大量用户破坏单车、胡乱停放、私自加锁等行为，摩拜单车是无法得到良好的发展的。因此，只有把规范使用摩拜单车变为一种新的制度，让广大用户的行为都符合这一制度要求，让单车出行的方式被越来越多的民众所接受，服务创新才能成功，正如公司CEO所说"需要一定的时间来建立规则"。在这其中，政府也发挥了重要的作用，提供必要的保障措施，例如打击不法行为、规划自行车专用道路等，都将加速制度化的过程。

当然，这一制度化过程需要企业、用户、政府的共同努力。部分共享单车用户自发地进行单车的维护工作，把被私人占用或破坏的单车"解救"出来，他们被称为"单车猎人"。此外，企业和国家机构也在促进制度的形成。包括摩拜单车在内的十几家共享单车企业已经和国家信息中心联合共享信息，用户在使用共享单车时的行为将被转化为信用数据，成为个人征信信息的一部分，从而更好地规范用户行为。

3.2.5　IT的双重角色

Nambisan提出IT一方面可以加速服务创新发展，另一方面还能够触发新的服务属性，在共享单车的服务创新过程中，IT正是扮演了这样的角色，案例证据如表3-5所示。

表3-5　IT应用证据事例

测量变量	维度	条目数	证据事例
IT的应用	加速服务创新	24	依靠大数据，我们已经能够成功预测同一地铁站不同出口的用户需求量
	触发新服务属性	30	依靠技术进步实现了之前不可想象的自行车轻量级定位系统，这是它最大的创新

摩拜单车服务创新的成功，首先依赖于IT赋予共享单车便捷、智能的新

属性。移动互联网的普及使摩拜单车这种利用APP进行单车存取的模式得以发展，让传统的自行车租赁行业插上了互联网的翅膀，从而获得新生。通过将物联网、移动支付等信息技术与单车结合，摩拜单车实现了蓝牙开锁、手机定位、电子支付等一系列功能，在此基础上提出了"提供智能短途出行服务"的价值主张。

IT为不同行动者之间的互动提供了条件。通过IT构建的服务平台上，用户可以实时向摩拜单车上传图片反映单车存在的故障，反馈使用单车的感受，或是咨询在线智能客服获取单车使用的知识，提升了用户与企业的互动效率。此外，IT还促进了企业间的合作。

摩拜单车还利用IT提升资源的利用效率。摩拜单车利用IT构建了首个共享出行领域的大数据人工智能平台——魔方。依靠这个平台，摩拜单车能够实时监控单车的运行和分布状况，预测用户的行为，从而更加合理地分配资源。在共享单车的使用过程中，存在明显的"潮汐效应"，即在同一时间（比如下班的晚高峰）、同一地点（地铁站门口）存在大量的用车需求，而其他时间则有许多单车闲置。利用数据平台，公司能够准确地预测这些需求，提前进行资源的调配，从而有效地缓解"潮汐效应"，提升用户感知和资源的利用效率。

此外，摩拜单车的维护、用户行为的规范也离不开IT的支持。利用IT技术，公司可以实时发现存在故障的单车，及时进行人工干预。而且，单车的定位系统可以帮助员工找到被恶意隐藏或遗弃的单车，避免车辆的损失。基于电子围栏的停车系统，能够通过信用积分、资金折扣等方式鼓励用户在指定的范围内停车，规范了用户的行为。正如公司创始人所说"科技能够放大人性中善良的一面"。

3.3 服务创新理论模型

通过以上对于摩拜单车的案例研究，剖析了服务生态系统中服务创新的动态过程，确定了行动者互动、资源整合、价值主张、制度化过程以及IT这五个要素对于服务创新的作用机理。在第2章图2-3中，Vargo和Lusch描述了服务生态系统中价值共创的概念模型，而服务创新也是价值共创的过程。因此，基于Vargo和Lusch的模型，以及案例研究结果，构建了如图3-2所示的服务生态系统中服务创新理论模型。

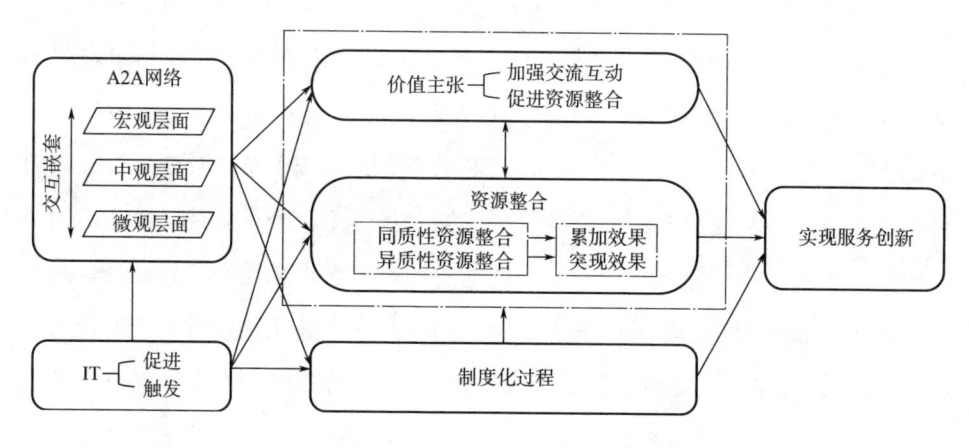

图3-2 服务生态系统中的服务创新理论模型

3.3.1 服务创新基础——A2A网络

服务主导逻辑认为，价值是由包括受益者在内的多个行动者共同创造的，而服务创新正是A2A网络中为了行动者利益进行价值共创的协作过程。

服务生态系统是一个相互作用实体（即组织和个人包括客户）的社区，在这个社区中它们共同发挥其能力和作用，并依赖于其整体的有效性生存，A2A网络则是行动者交流、互动和参与服务创新的组织逻辑。基于A2A网络的观点，企业、用户、政府等不再为自己的角色所束缚，也没有了"提供者"和"消费者""生产者"和"管理者"的区别，他们都作为行动者参与服务创新过程。这种从具有预先指定角色的各方向普通行为主体的转移具有广泛的影响，因为它表明所有社会和经济行为者（例如个人、家庭、公司等）从根本上做同样的事情即进行交换和价值创造，他们共享、整合和应用资源进行服务交换，所有这些促进了服务创新过程中的价值共创。

通过对案例的分析可以看出，摩拜单车的服务创新过程就是不同行动者相互合作的过程。无论是微观层面的员工和顾客，中观层面的供应商、研究机构，还是宏观层面的政府机构、行业协会，他们都作为系统中的节点，通过互动交流，相互联系，构成了创新的A2A网络，并利用这个网络提出自身的价值主张，提供独特资源，推动服务创新的发展。

而且，在A2A网络，行动者互动并不是被限制在微观、中观和宏观层面中，各个层面也不是割裂开的，而是存在着广泛的联系和互动。作为微观层面的个体，包括投资人、领导者、员工和顾客等，形成了整个系统的基础；而由核心企业、供应商以及科研机构等构成的中观层面，既是微观层面个体的组织保障，也是宏观、微观层面互动、沟通的渠道；而宏观层面一方面会受到微观、中观层面的影响和推动，另一方面会指导和约束其他层面行动者的行为。由此可以看出，A2A网络中任何一个行动者的行为，都会给其他的行动者带来影响，从而影响服务生态系统的状态和服务创新的进程。A2A网络中的行动者具有二元性，它在具有约束或限制其代理制度的社会规则（制度规范）的结构中行动，同时又为自己和他人创造价值的同时创造和重建结构。所以，A2A网络中的行动者共同作用，促进了制度的形成，从而加速服务创新的实现过程。

综上，这些由相互影响、相互作用的来自不同层面行动者构成的A2A网络，成为服务创新的基础。

3.3.2 服务创新核心过程——资源整合

资源整合是一个连续的过程，被定义为"由行动者实施的一系列活动"。服务主导逻辑认为所有社会活动和经济活动中的行动者，都扮演着资源整合者这一同样的角色。而且，行动者的资源都不可能单独发挥作用，必须要和其他行动者的资源结合起来，通过资源整合，众多的行动者实现价值共创，不断推动服务创新的发展。无论是技术创新还是服务创新，都可以看成不同资源组合的结果。资源整合为创造新的潜在资源提供了机会，可以通过服务交换来获取更多的资源，从而整合创造新的可交换的资源，可以说服务创新的过程就是持续的资源整合过程。

资源整合可以分为异质性资源整合和同质性资源整合两个过程。正如案例分析中所介绍的那样，同质性资源整合的主要作用是资源的累加。这一过程当然对于服务创新非常重要，它可以不断扩大服务的范围和用户的规模，推动服务创新的发展。然而，需要注意的是，基于这种"累加"关系的资源整合，并未导致新服务属性的出现，即服务的性质并未发生变化。因此，同质性资源整合在服务创新的过程中无法起到决定性作用。

案例研究可以发现，服务创新中新的服务属性来源于异质性资源整合的"突现"性质。所谓突现，是哲学的一个概念，定义为新属性（例如新的概念、新的机制、新的结构、新的性质等）出现的过程。突现并不是关于资源整合的简单和可预测的结果，而是通过资源和规则重新组合后创新，是不断发展的服务生态系统固有风险和不确定性的原始来源。

在本案例中，摩拜单车通过将智能锁的物联网技术、移动支付技术这些异质性资源整合在一起，使摩拜单车突现出"便利"这一传统自行车租赁行业无法提供的属性，极大地满足了用户的核心需求，从而获得迅速发展。针对自行车存在的容易爆胎、链条易掉等问题，摩拜单车将环保无污染的新型轮胎材料和KMC链条等生产专利技术整合到单车生产工艺，从而产生了"坚固耐用"这一属性。而针对车子不好骑的问题，摩拜单车将太阳能发电、KMC链条等融入进来，产生了"轻便"这一属性。正是这些新属性的不断出现，才使摩拜单车的服务创新越来越为广大用户所接受。

由此可以看出，在摩拜单车快速发展的过程中，同质性资源整合能不断扩大服务的范围，异质性资源整合能够带来新服务属性的出现，从而成为服务创新的核心过程。

3.3.3 服务创新动力——价值主张

价值主张是服务主导逻辑基础假设中的核心要素之一。服务主导逻辑认为行动者不能传递价值，但能够参与创造和提供价值主张。虽然学者们对于价值主张定义不同，但他们普遍认识到价值主张在服务创新中的关键作用。Vargo等（2015）指出，组织要想成功地实现服务创新就必须发展能够吸引行动者参与的价值主张。

如何促进不同的行动者交流互动是服务创新面临的最主要的问题之一，而价值主张则能够在这一方面发挥出重要作用。价值主张作为价值共创的承诺，能够把行动者联系起来，促进资源的共享和整合，推动服务创新的发展。每个行动者都会提出自己的价值主张，如果这一价值主张满足了其他行动者的价值需求，其他的行动者就会被这一价值主张所吸引，与价值主张的提出者积极交流互动，从而促进行动者之间的信任，促进关系网络的形成。

更为重要的是，价值主张描述了资源整合能够带来的利益，指明了资源整合的方向。在信息通信技术的作用下，行动者能够实时监听系统中不同的价值主张，一旦对于某个价值主张感兴趣，他们积极向价值主张的发起者提供自身独特的资源，并按照价值主张指出的方向进行资源整合，填补存在的资源缺口，从而实现资源互补，提升资源的利用效率。价值主张通过这种方式塑造了服务生态系统中的资源整合方式。

当然，价值主张本身也是在不断发展变化的。虽然提出一个引人注目的价值主张能够帮助企业获得竞争优势，但是这种竞争优势是存在时间限制的。当其他竞争对手提出相似的价值主张，或者被这种价值主张所吸引的行动者逐渐饱和时，竞争优势就会消失。因此，需要不断地提出新的价值主张，从而保持竞争优势。

价值主张是来源于行动者自身资源的价值潜力。从摩拜单车的发展可以看出，最初公司提出了在线办理手续、随时停取单车的方式获得了用户的认可，企业快速发展，然而越来越多的共享单车企业提出了相同价值主张。为了维持竞争优势，摩拜单车不断改进自己的价值主张，例如提供更准确的定位、更轻便的单车、更精细的运营，从而使自己的竞争优势得以保持。当共享单车用户逐渐达到饱和时，公司又利用自己的海量运营数据，构建大数据人工智能平台，提出构建智慧城市的新价值主张，吸引研究院等新行动者的加入，继续保持自己的竞争优势。这种从价值主张到资源整合再到新价值主张的循环往复过程，使得服务生态系统的规模不断扩大，服务创新也得以持续发展。

基于以上分析提出，价值主张是服务生态系统中推动服务创新发展的动力。

3.3.4 服务创新实现途径——制度化过程

制度可以对人们的行为进行强制或者非强制的约束。制度既包括限定主体行为的法律法规、道德规范和价值观，也包括用于指导社会实践的文化、认知模式和宗教信仰。作为服务生态系统中的构成要素，制度对于服务创新发挥着重要作用。

在服务生态系统中，遵循共享制度和制度安排——相互关联的制度的组合——指导行动者的价值共同创造行动和互动（Lusch和Vargo，2014；Vargo和Lusch，2016）。也就是说，制度代表资源整合的"规则"，协调行动者共同价值共同创造的努力。制度是人为制定的模式、规范和条例，能够约束社会行为者的行为，使社会生活具有可预测性和有意义（DiMaggio和Powell，1991；North，1990；Scott，2014）。换句话来说，制度是人类用来组织所有形式的重复和结构互动的处方，包括家庭、市场、企业和政府在所有规模的交互（Ostrom，2005）。因此，制度作为"游戏规则"，通过塑造参与者整合资源的方式和评估价值的准则，为服务生态系统中的价值共同创造和资源整合提供了结构和背景。换句话来说，制度被视为影响价值共同创造努力的协调因素，也为价值评估提供了参考依据。

首先，制度构建了资源赖以形成的框架。在制度框架中，资源有了自身独特的意义，也因此能够从潜在的资源变为实际中能够利用的资源。行动者对于资源价值的认知都是在一定的社会背景中实现的，而制度能够塑造行动者的价值观和社会整体的认知模式，从而提供了资源认知的框架。例如，在20世纪末，虽然中国的GDP飞速发展，但经济总量并不高，经济水平也处于较低的水平，骑自行车更多的是因为经济条件的限制。而随着经济的不断发展，人们的生活条件越来越好，对于健康生活、环境保护、地球生态的关注程度也越来越高，此时共享单车就被更多地赋予了环保、绿色、健康等属性，因此该商业模式也为广大用户所接受。

其次，制度为行动者间的服务交换、资源整合提供了保障机制。众所周知，用户缴纳费用使用服务是最简单直接的服务交换资源整合方式，也是企业生存发展的基础。但共享单车是无人参与仅利用互联网自动完成服务过程的方式，以及巨大的单车数量，不可避免地带来了管理的问题。有人把单车偷回家，有人给单车上私锁，还有人恶意破坏单车，给企业造成了损失。在这种情况下，就必须依赖制度发挥作用，提升人们对于共享单车的认识，从道德和法律的角度约束用户的行为，保障资源整合过程顺利完成。除了与用户的互动，与供应商、科研院所甚至竞争对手的互动，同样需要制度的作用。正是在制度的保护下，摩拜单车才能持续地从技术优势中获取利益。共享经济具有网络效应，因此共享和维护制度的行动者数量越大，服务生态系统整体获取的绩效就越大，而服务创新就会更加成功。因此，制度构成整个系统的服务交换和资源整合的协调机制。

最后，服务创新最终的实现必须依赖制度化过程。所谓制度化过程，就是制度的维护、破坏和变革，也就是说在服务创新的过程中，既有一些制度需要保持不变，同时还要破坏一些旧有的制度，同时生成新的制度。摩拜单车的服务创新可以看作技术创新和市场创新组合的结果。其中，技术创新是将现有技术和制度结合，从而产生新价值主张的过程，即摩拜单车将自行车租赁制度与新兴的信息通信技术结合，产生了互联网模式下的共享单车制度。然而，这仅是共享单车服务创新的一部分，要想获得服务创新的成功，还需要市场创新。所谓市场创新的成功，就是新的产品及服务转化成为用户能够接受的方案，旧有的服务交换和资源整合的方式被新的方式所取代，并形成相应的制度规范和保障用户的行为，从而形成"稳定"的市场。在本案例，也就是随时存取、在线支付、规范用车的行为成为广大用户的行为规范，才能真正实现摩拜单车服务创新的成功。

当然，制度化过程需要所有行动者的共同参与，例如摩拜单车发展过程中的自发解决摩拜单车的"单车猎人"、提供各种技术支持的供应商、积极配合的各地政府、提供信用解决方案的国家信用中心等，他们根据对价值的认知，通过互动和合作，维护、破坏和创建制度体系，通过这种非线性的过程，制定出能够解决现有问题的共同规则，实现摩拜单车服务创新的制度化过程。

3.3.5 服务创新催化剂与触发器——IT

早期研究普遍把IT作为服务创新的推动器，然而学者对技术角色的认知逐渐发生变化，IT一方面可以作为对象性资源（静态、有形的资源）促进服务创新发展；另一方面能够作为操作性资源（动态、无形的资源）触发新的服务属性。

IT成为A2A网络得以存在和发展的基础。行动者互动是A2A网络构建的基础，而IT的发展为行动者提供了更多的可能性。在IT的作用下，行动者能够越来越自发地获取其他行动者的价值主张，在众多的价值主张中找到自己感兴趣的，并与提出者通过IT积极互动，IT使行动者能够随时、随地以多种方式参与到服务创新过程，扩大了A2A网络的范围。

而且，IT提升了资源整合的效率。IT的应用促进了资源液化。资源液化指的是从包含着海量信息的物理载体中将信息提取出来的过程。当前信息对于服务创新的作用越来越重要，而IT技术能够把宝贵的信息提取出来，转化成为企业需要的知识、技能，从而帮助企业了解客户需求，获取市场趋势，提升服务创新的效率。例如，摩拜单车利用海量的用户数据获取用户的偏好，预测用户的行为，并基于这些数据与众多企业合作，提升了用户数据的价值。与此同时，IT还能够提升资源密度。所谓资源密度，就是快速布置资源以满足需求的能力。在IT的帮助下，摩拜单车能够实时监控资源分布、预测用户需求，从而进行合理的资源调度，增加资源使用密度，既提升了用户感知，又提升了资源的使用效率，提高了服务创新的效果。

更为重要的是，IT触发了新的价值主张。正如前文所提到的那样，服务创新需要新服务属性的出现，而IT在其中扮演着越来越重要的角色。在数字经济时代，将快速发展的IT技术与服务相结合，不仅改变了服务的管理和运行方式，更重要的，IT与其他资源（如技能和知识）相结合，使信息能够在不同的环境下运输和重新包装，为服务交换和创新创造了新的机会。基于IT生成众多的新服务属性，能够帮助企业提出各种新的价值主张，吸引不同的行动者广泛加入资源整合过程，从而促进新服务的设计、开发与传播。

并且，IT加速了制度化过程。制度化过程既有现有制度的维护，又有新制度的形成。在制度维护方面，IT能够实时监控用户的行为，并把结果及时反馈到数据平台进行处理，对恶意用户进行判断和识别，并采取相应措施限制他们的行为，减少企业损失，保障服务交换和资源整合的顺利进行。而在新制度形成方面，IT引导和鼓励用户采用规范行为进行服务交换，促进资源整合新方式的发展，从而加速制度的形成过程。

综上可以看出，在服务创新中，IT扮演着对象性资源和操作性资源的双重角色，已经成为服务创新的催化剂。

3.4 结果讨论

虽然当前文献已经突出了在服务生态系统的背景下进行服务创新研究的重要性，但是现有研究多是基于一个或者几个维度展开，缺乏对服务生态系统中服务创新要素间相互关系的分析以及对要素系统性的研究。

本研究以服务主导逻辑为理论基础，通过对"摩拜单车"服务创新的案例分析，提出了服务生态系统视角下服务创新的理论框架。研究表明：首先，每个行动者都有其特有的资源，所有行动者相互连接构成的A2A网络是服务创新的基础；其次，资源整合可分为同质性资源整合和异质性资源整合，其中异质性资源整合的"突现"效果能够促进新属性的产生，是服务创新的核心过程；再次，价值主张促进行动者进行资源整合和服务交换，是服务创新的动力；

最后，制度为服务创新提供了环境和保障，制度化过程则成为服务创新的实现途径。

当前，如何在复杂系统环境中实现服务创新，是企业面临的重要问题。本书为企业服务创新实践提供了以下四点管理启示。第一，企业需要转变观念，把用户、供应商、管理者等作为服务生态系统中服务创新的行动者，激励行动者提供资源、参与互动。第二，企业要超越原有边界，与"非显而易见"领域的行动者进行合作，通过建设和应用服务平台，获取、配置和整合企业需要的异质性资源，与现有资源结合，赋予服务新的属性。第三，企业如果能够提出多种价值主张，匹配不同行动者需求，将激发行动者参与服务创新的热情，同时企业也要意识到市场的动态性，依据不断变化的需求迭代升级服务产品，更新价值主张，维持竞争优势。第四，企业必须充分考虑现有制度环境和服务创新的市场接受程度，因地制宜开展服务创新，联合行动者共同努力，设计相应的机制，维护和培育规则，加速服务创新的制度化过程。

3.5　本章小结

虽然学者们已经普遍认识到基于服务生态系统情境对开展服务创新研究的重要性，但目前的研究多基于某一个或少数几个维度展开，系统性的研究较少，也缺乏整体的理论框架。本章在前期文献回顾的基础上，基于服务生态系统视角，提出了包含A2A网络、价值主张、资源整合、制度化过程和IT 5个服务创新要素的研究理论框架。在此基础上，通过对"美团单车"的案例分析，阐述了这5个要素对于服务生态系统中服务创新的作用机理，提出了它们各自在服务创新中扮演的角色，初步打开了服务生态系统中服务创新过程的黑箱，丰富了服务创新的相关研究，并为后续研究奠定了基础。

第4章 顾客价值主张对服务创新绩效的影响机理分析

在第三章中，基于案例分析的定性研究，得到了服务生态系统中的服务创新要素，构建了服务创新理论模型，但对于服务创新要素与服务创新绩效的关系及作用机制，尚缺乏定量研究以支撑相关结论。因此，本章选取价值主张和资源整合这两个服务创新要素，以服务创新中最重要的行动者顾客为研究对象，把顾客参与作为顾客资源整合的过程，通过理论演绎分析顾客价值主张及顾客参与对于服务创新绩效的影响机理，提出相关研究假设。

4.1 变量界定

在服务生态系统中，除核心企业外，还有诸如顾客、供应商、研究机构、政府机关等行动者参与到服务创新过程。在与企业合作的众多行动者中，顾客占据着最为重要的位置，不仅50%的创新思想源于顾客，更为重要的是，在以顾客为中心的服务经济中，顾客参与服务创新是满足顾客需求最为有效的途径，顾客价值主张也因此成为最为重要的价值主张，这也是本章选取顾客价值主张作为研究对象的原因。

由文献回顾可以看出，对于顾客价值主张、顾客参与以及服务创新绩效，以往的研究中存在不同的定义和划分维度，而科学研究首先需要明确研究对象和其涵盖的边界，因此首先对顾客价值主张、顾客参与以及服务创新绩效的概念和维度进行界定，确定研究范围。

4.1.1 顾客价值主张

顾客价值主张是本研究中的自变量，也就是解释变量。顾客价值主张经历了长期的发展过程，在不同领域有着不同的定义。王雪冬等（2014）对不同领域中顾客价值主张进行了全面的回顾、总结和区分，概括了其不同的定义、特性、作用，最终得到了如下分类。在产品营销领域，顾客价值主张被认为是"企业如何向顾客传递价值"，向顾客说明了产品或服务的差异化优势。基于顾客价值视角，顾客价值主张是企业为顾客提供的价值感知承诺，这种观点也证实了企业正将视角从组织本身转向顾客的需求。从企业战略角度，价值主张与企业战略紧密结合，成为连接组织发展规划与行动计划之间的枢纽，反映出组织的核心价值观。服务主导逻辑认为，顾客不再是服务的使用者和价值的消耗者，而是成为价值的共同创造者，同时价值主张也成为服务主导逻辑中的一个基本假设，而顾客价值主张则被认为是组织与顾客价值共创的承诺。商业模式中，顾客价值主张是组织创新的起点，需要被众多的参与者共同理解，包括能力、影响和成本三个要素，因此顾客价值主张被理解为企业家的远见，体现出组织产品和服务创新的本质。

从以上研究可以看出，顾客价值主张在多个研究领域都得到了迅速发展和广泛运用，而本研究主要聚焦于服务主导逻辑理论，从服务生态系统的视角出发对顾客价值主张进行研究。

基于服务主导逻辑和服务生态系统观点，Payne和Frow（2014）通过对医疗保健组织典型组织的案例研究，解构了价值主张的开发过程，在该文中，强调了顾客价值主张需要从"交付价值"向顾客体验和企业与顾客关系的方向转变，并给出了顾客价值主张的定义：顾客在使用体验组织向顾客提供的服务及产品期间和之后获得的价值承诺。之后，Payne等（2017）对顾客价值主张进行了全面的回顾,并将其定义为"为目标客户提供卓越价值、促进组织交流、提升共享资源能力的战略工具"。类似地,Frow等(2014)从服务生态系统角度将顾客价值定义为"用于协商如何在服务生态系统中共享资源的动态调整机制"。可以看出,服务主导逻辑中越来越强调顾客价值主张在价值承诺和资源共享中的作用,因此本书将顾客价值主张定义为:能够促进顾客与企业交流互动、资源共享的价值承诺。

对于顾客价值主张维度的划分,Rintamäki等(2007)通过对零售业的研究,识别了四种顾客价值主张:经济型(基于商品或服务的价格)、功能型(基于用户具体的功能需求)、情感型(基于用户体验的需求)和社会型(基于用户自我表达的需要)。在此基础上,Rintamäki又和Kirves合作(2017),通过对芬兰、日本和美国的数据对比,将顾客价值主张经济、功能、情感和社会四个维度与满意度和口碑效应相关联,提出研究假设、构建理论模型,评估不同维度顾客价值对满意度和顾客口碑的影响,同时提供对国家、渠道、产品类别和竞争状况的评估,从而识别出影响顾客价值主张关键因素以及不同维度价值主张对于组织营销的作用机理。Saarijärvi(2014)基于这种分类方法,把企业和顾客价值共创活动作为研究重点,将价值共创的行为划分为共同生产、共同设计、共同推动和共同发展,通过调查问卷和案例分析,研究了四个维度的顾客价值主张在不同价值共创行为中的作用机制。Lindič和Silva(2011)将某电商的顾客细分为个体消费者、基础设施客户和开发商三类角色,通过对某电商发展案例的纵向研究,将顾客价值主张划分为性能、易用性、可靠性、灵活性和情感五个维度,但仔细分析这五个维度,可以看出性能、易用性、可靠性可以归属到Rintamäki等提出的功能维度,而灵活性可以归属到社会维度。

国内学者也对顾客价值主张进行了研究。张晓玲和赵毅(2012)将目光聚焦到功能型客户价值主张上,将其划分为目标客户定位、客户利益和企业提供物三个维度,通过结构方程研究了不同要素对于企业竞争性绩效的影响。而江积海和沈艳(2016)则以制造企业为研究对象,将顾客价值主张细分为功能型和情感型两类，研究了它们在制造企业服务化过程中对于企业绩效的影响。

从以上研究可以看出，Rintamäki等对于顾客价值主张四个维度的划分为多个研究所采用，而且基本涵盖了其他研究中对于顾客价值主张的划分维度，因此本研究将基于Rintamäki等的研究成果，将顾客价值主张细分为经济型、功能型、情感型和社会型四个维度进行研究。

4.1.2 顾客参与

顾客参与是本研究中的中介变量。正如在第二章文献回顾中所提到的那样，顾客参与的定义大致包括两类：顾客的行为和顾客的卷入程度。而对于顾客参与服务创新，学者们普遍认为是在新服务开发和传递过程中，顾客提供信息、资源与企业进行互动的行为。在本研究中，关注的重点是服务创新中顾客作为行动者的参与活动，因此采用相同的概念，把顾客参与服务创新视为顾客在服务创新过程中通过资源整合，与企业的互动行为。

对于顾客参与的维度众多学者采用了不同的划分方法。例如，Nambisan（2002）研究了虚拟社区中的顾客参与行为，认为顾客可以通过投入资源、使用产品在社区中创造价值。Fang（2008）主要研究顾客参与对于产品创新和市场速度之间的关系，认为提供信息和共同开发是顾客参与的两种主要方式。彭艳君（2010）则将研究聚焦于量表的开发，通过以美发业为例，提出了中国情境下顾客参与的划分维度，共包括四项：事前准备、信息交流、合作行动和人际互动。张童（2013）通过研究在现代服务业中的顾客参与行为，认为顾客参与包括信息分享、合作开发和使用推广三个维度，通过顾客参与能够提升感知利益、降低感知风险。张瑾等（2015）重点研究了知识密集型企业服务创新的过程，提出顾客能够通过信息提供、合作生产和人际互动三个方面提升企业的服务创新绩效。

本研究的重点在于顾客在服务创新过程中的价值共创行为，而作为关键的行动者之一，顾客有多种参与新服务开发的方式，信息提供就是其中重要的一种。顾客信息中包含着顾客长期以来对于市场、产品和服务的体验和认知，从顾客信息中不仅可以了解企业自身服务的发展现状，以及竞争对手的优势和不足，更可以对市场有更加清晰的认识和全面的了解。可以说对顾客信息的获取是服务创新的起点，是新服务开发的首要条件。

除了信息提供，顾客还能够通过直接或间接的方式，与企业共同生产，促进服务创新。在这种共同生产的过程中，顾客一般很少会投入自然资源、资金、仪器设备等有形资源，而是将自身的知识、技能或关系等无形资源融入服务创新的过程。正如之前服务主导逻辑中提到的那样，有形资源被称为对象性资源，它们通常是静态的；而无形资源被称为操作性资源，它们一般是动态的。对象性资源无法单独发挥作用，需要与操作性资源结合，这两种资源中，操作性资源更为关键。例如，一家企业即使拥有再多的设备、资金、自然资源等对象性资源，也无法建立自身的优势，只有积极地引入知识、技能等操作性资源，才能发挥出对象性资源的优势，从而提升企业的竞争力，即如服务主导逻辑中基本假设所述：操作性资源是战略利益的根本来源。而顾客在共同生产过程中拥有、提供和使用的，正是这种操作性资源。因此共同生产也成为顾客参与服务创新的一个重要维度。

在以往研究中提到顾客参与的其他部分维度，例如人际互动、使用推广等，都与信息提供以及共同生产两个维度存在重叠，可以归入这两个维度中去，而另外一些维度，例如事前准备等，与服务创新相关性较弱。因此在本研究中，使用了Fang的划分方法，将顾客参与划分为信息提供和共同生产两个维度。

4.1.3 服务创新绩效

本研究将服务创新绩效作为因变量，也就是被解释变量。服务创新的概念有广义和狭义两种，从广义角度看，一切行业中与服务有关的创新都可以叫作服务创新，而狭义角度则特指发生在服务行业中的创新行为。本研究以信息通信产业为例，关注的重点是企业进行服务本身创新的行为，因此采用狭义服务创新的定义，将研究对象聚焦于服务企业。

服务的无形性和互动性使服务创新与技术创新存在很大的不同。服务创新同时具有服务属性和创新特性，生产过程和消费过程同时进行，具有无形性、易逝性等特点，其效果同时受服务特性、市场效果等多个因素的影响，因此服务创新绩效一直被视为一个多维度的构念，无法采用显性指标对服务创新绩效进行评估。早期服务创新绩效聚焦于企业收益等财务指标，但随着服务创新的发展，企业逐渐发现财务指标无法完全反映企业服务创新带来的成果，因此考量服务创新的指标逐渐发展到市场占有率等市场指标。之后，企业发现服务创新还能够实现产品的差异化，增强组织竞争力、可持续发展能力以及顾客满意度，服务创新绩效也由此扩展到企业成长、用户忠诚等综合性指标。平衡计分卡是较为全面的服务创新绩效测量方法之一，它将服务创新划分为项目和计划两个部分，从财务、顾客、内部管理和计划开展效果等维度进行考量。

蒋楠等（2016）对服务创新绩效的测量指标有较为全面的介绍，包括多种分类方法，如从组织财务、发展机会和市场影响，到成本、竞争力、市场规模，过程和结果，技术、商业和整体业务，财务和非财务指标，以及服务销售占比等。以上论述可以看出，无论采用哪种衡量方式，服务创新绩效的大部分指标都很难用统计数据进行描述和衡量，这是因为服务质量是企业与顾客在不断互动过程中顾客的一种主观感知。因此服务创新绩效的相关测量指标多是通过调查问卷来获取的。

对于服务创新绩效的测量维度，Hsueh等（2010）、杨艳玲和田宇（2015）认为服务创新绩效包括结果绩效和过程绩效，因此利用降低成本、流程优化、效率提升、提高投资回报、顾客满意和竞争力提升6个题项对服务创新绩效进行测量。李清政和徐朝霞（2015）则在Storey和Kelly以及Joe Tidd的研究基础上，提出以"用户忠诚度提升""市场占有率提高"等7个题项衡量服务创新绩效。蒋楠等（2016）借鉴Cooper和Kleinschmidt、王琳等的研究量表，从财务和非财务两个方面，用"企业收入中服务占比提升""客户认为新服务达到自己预期"等4个题项，测量服务创新绩效。李纲等（2017）同样从财务和非财务两个方面，利用企业盈利、市场规模、公司感知和竞争优势等7个题项测量服务创新绩效。

本研究认为，在服务生态系统中的服务创新，是多个行动者不断互动、相互合作、价值共创的过程，企业在这个过程中不断完善自己的流程，优化资源配置，提升创新效率，因此必然会对组织的过程和结果都产生积极的影响，因此本研究将从服务创新过程绩效和服务创新结果绩效进行测量，从而较为全面地反映出服务创新对于企业发展的作用。

4.2 研究假设

4.2.1 顾客价值主张与服务创新绩效

顾客价值主张是最为重要的组织原则之一，对于企业的发展具有重要的意义。特别是在服务创新的过程中，顾客价值主张起着重要的作用。

一方面，顾客价值主张能够促进服务创新中关系网络的发展。在当前复杂的环境中，服务创新不再是企业单独的行为，而是不同行动者价值共创的过程。在这个过程中，顾客价值主张发挥着重要的作用。通过顾客价值主张，提供价值互惠的承诺和价值共创的机会，可以让顾客了解企业服务创新的目标和需求，以及创新成果所带来的利益，从而吸引越来越多的行动者参与进来，不断扩大服务生态系统的范围和市场规模，加速服务创新中关系网络的形成。

组织和顾客间关系网络的建立能够将企业与顾客的能力、关系连接起来，促进服务创新的发展。通过建立关系网络，能够促进双方的信任和理解，从而形成强连接的关系。这种强连接关系，不仅可以促进双方的相互理解，还能够形成制度规范，指导和约束双方的行为，从而提升服务创新的效率。参与的顾客越多，整个关系网络规模就会越大，企业的网络能力也就越强，从中能够获取的知识、技能、关系等也不断增加，能够用于服务创新的资源就会越发丰富，从而缩短新服务开发时间，提升新服务开发的效率，扩大市场占有率。

另一方面，企业如何实现与顾客有效、积极的沟通，是服务创新面临的重要问题。顾客价值主张则是企业与顾客沟通的桥梁，并且在服务创新的顾企互动中扮演着关键角色。在构建顾客价值主张的过程中，企业与顾客持续协商，最终形成共同的价值主张。在此过程中，企业和顾客实现了积极的互动交流，形成良好的合作氛围，并且认识到服务创新中的关键资源是什么，以及该如何进行交互从而更好地整合这些资源，减少了服务创新中的不确定性，降低新服务开发失败的风险。实现资源的充分有效利用，能够降低新服务开发的费用，大幅节约企业的开发成本。

更为重要的是，顾客在参与顾客价值主张开发的过程中，把自己的需求融入企业的顾客价值主张中，使得顾客价值主张本身就反映出市场的发展方向和顾客的客观需要，具备了对于顾客强大的吸引力。因此，企业在顾客价值主张的指导下进行服务创新，有助于企业将关注的重点由企业自身的能力转移到顾客的需求和价值实现上，从而帮助企业找到目标客户，了解他们的核心利益，将有效的资源及时、准确地配置到最需要的地方。这样开发出的新服务，能够更加贴合顾客和市场需求，从而实现服务差异化，提升企业竞争力和顾客满意度。

综上可以看出，顾客价值主张能够通过构建关系网络、扩大网络规模、加强顾企互动和融合顾客需求，提升企业服务创新绩效（图4-1）。因此，本研究提出如下假设：

H1：顾客价值主张对服务创新绩效有显著正向作用。

图4-1　顾客价值主张对服务创新绩效的影响

4.2.2　顾客价值主张与顾客参与

如果顾客参与到服务创新的过程中，就需要在新服务的开发、传递和推广过程中，通过投入能力、时间、关系等贡献出自己的力量，这对于顾客来说是一种资源的消耗，会受到多种因素的共同作用，顾客价值主张正是激励顾客消耗自身宝贵资源、参与服务创新的关键因素。从前文中对顾客价值主张的维度划分中可以看出，顾客价值主张包含经济、功能、情感以及符号等多个维度，可以从各个角度满足不同客户群体的不同需求，使顾客了解服务创新能够给自身带来的独特价值和利益的分享机制，从而提升顾客对于服务创新的认知，改变顾客的态度和价值观念，促进顾客参与服务创新的行为。而且，通过向顾客提供明确的价值主张，可以帮助顾客建立合适的价值期望，避免顾客感知价值与期望值之间的巨大差异，进而提高顾客对于企业服务创新的满意度，提升顾客对于服务创新的参与意愿。

当企业提出的顾客价值主张被用户接受，就会在企业和顾客之间建立起紧密的联系，促进企业与顾客的互动，从而逐渐强化顾企间的关系和信任。这种亲密关系和相互信任，使得顾客愿意向企业提供自身的宝贵信息。特别是随着信息通信技术的迅速发展，顾客信息越来越容易获取，其涵盖的内容也越发丰富，但随之而来的隐私保护问题，也越发突出。顾客对于自身信息的保护意识不断增强，国家也对非法利用顾客信息进行了严格的管制，这在一定程度上限制了企业对于顾客信息的获取。在此背景下，如果能够说服顾客，积极主动地向企业提供自身宝贵信息，反馈企业提出的问题则能够使企业在激烈的竞争中占据有利的位置。

利用顾客价值主张构建的关系网络，使得组织与顾客间的关系和信任不断增强，实现顾企间的积极交流互动，让顾客知晓企业收集信息的用途及目的，减少对于信息安全和隐私泄露的担心，从而使得顾客愿意让企业使用甚至主动提供自己的信息。对于企业来讲，由于有了顾客价值主张作为服务创新的战略指导，组织能够认识到顾客信息对于服务创新的重要性，从而积极主动地收集顾客信息，从中获取顾客需求和市场发展趋势，将其用于新服务开发过程，指导企业的服务创新实践。

同时，顾客价值主张包含了对于企业和顾客都有益处的共同目标，指明了双方合作的方向，并提供了相应的协作机制，使得顾客参与的行为更具有目的性和效率。在形成顾客价值主张时，顾客和企业就进行了多次的交互，使得企业和顾客间建立了长期的合作关系，形成了交流合作的基础和良好的合作创新氛围。在这种氛围中，顾客对自己在新服务开发中承担角色的认知发生了转变，不再把自己当作纯粹的消费者，而是将自己视为服务创新的积极参与者，消除了由于角色认知不足带来的限制。同样，企业也认识到顾客能力对于新服务开发的作用，采取各种措施协助顾客参与到共同生产过程中。比如，建立完善的激励机制，给予顾客适当的奖励；构建产品社区，提供良好的文化氛围和技术支持；设立专门人员岗位，认真对待顾客的各种建议和反馈。这些制度的建立，一方面能够通过满足顾客的成就感等提升顾客参与共同生产的内在动机；另一方面可以降低新服务的成本，帮助顾客获取个性化的服务，提升参与顾客的外部动机。

顾客参与服务的共同生产可分为生产角色预期、生产角色获得、退出服务生产三个阶段。在这三个阶段中，顾客价值主张都能够发挥出积极的作用。在预期阶段，顾客价值主张让顾客对于新服务能够带来的收益有了清楚的认识，对于新服务开发所需要的技能也有了一定的了解，从而能够进行相应的准备，确定自己在新服务开发中的定位，明晰自己的责任与义务。在角色获取阶段，顾客价值主张能够指导顾客进行资源整合的操作，协调顾客与组织的行为，在服务创新的同时，不断地将顾客反馈融入开发过程，实现新服务产品的快速迭代更新。在服务退出阶段，利用顾客价值主张，可以达成组织与顾客间的一致，让顾客获得相关收益，从而愉快地退出服务创新过程，并在之后继续反馈建议和协助推广。

综上可以看出，顾客价值主张能够加强顾客与组织间的信任，提升顾客参与的内在和外在动机，提供创新氛围和技术条件，在各个阶段促进顾客参与服务创新的信息提供和共同生产行为（图4-2）。

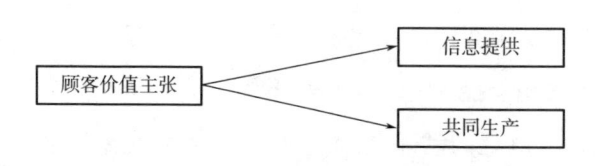

图4-2 顾客价值主张对顾客参与的影响

因此，本研究提出如下假设：

H2a：顾客价值主张对信息提供有显著正向作用。

H2b：顾客价值主张对共同生产有显著正向作用。

4.2.3　顾客参与在顾客价值主张与服务创新绩效间的中介作用

通过前面的研究假设，本研究提出顾客价值主张能够对顾客参与和服务创新绩效产生积极的影响。本节进一步将顾客价值主张、顾客参与和服务创新绩效结合起来，以顾客参与为中介变量，探讨顾客价值主张如何通过促进顾客参与提升组织的服务创新绩效。中介变量是自变量对因变量产生作用的实质性内在原因，常用于探讨自变量对因变量的作用机理，当自变量 X 需要通过变量 M 对因变量 Y 产生影响时，变量 M 就是中介变量，其作用过程如图4-3所示。

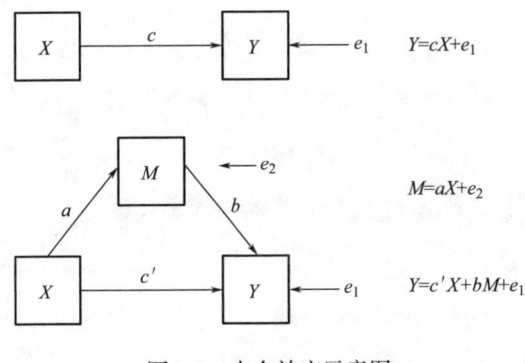

$$Y = cX + e_1$$

$$M = aX + e_2$$

$$Y = c'X + bM + e_1$$

图4-3　中介效应示意图

按照前文对于顾客参与维度划分的研究综述，本研究采用信息提供和共同生产两个维度对顾客参与进行描述，阐述顾客参与在顾客价值主张和服务创新绩效间的中介作用。

信息提供指的是顾客向企业提供自身的相关信息。顾客的信息是顾客在生活实践中获得的相关经验，对于市场发展、企业形象、服务质量的判断以及长期以来形成价值观的动态组合。顾客信息中包含着很多重要的产品信息、对于市场发展趋势的认识和服务创新的创意，而这些都是企业不曾拥有又迫切渴望得到的知识。因此越来越多的企业把顾客信息作为服务创新的重要来源和关键资源。特别是信息通信技术的发展，使企业能够更加便利地从顾客信息中解构出对企业具有价值的市场知识和技术知识。通过收集这些知识，能够帮助企业建立数据库，实现知识的积累，从而为企业创新奠定基础。

服务具有无形性、异质性等特性，而且不可分离、不可存储，因此服务创新与产品创新具有明显的不同。企业在进行服务创新前，必须确定可能的客户群体，分析市场发展确实和潜在市场规模，并在创新的过程中不断调整方案，这些都依赖于顾客及时反馈信息。通过向企业提供顾客信息，可以帮助企业得到自身所不具有的关键信息，使得服务创新更具目的性；同时顾客直接向企业传递信息，避免了多次传递带来的信息遗失、失真等问题，能够更加真实地反映市场需求，提升了服务创新的效率和效果。通过有效的挖掘顾客信息中的隐性知识，将其转化成为企业可以利用的信息，可以帮助企业开发高价值客户，识别关键利益点，提升企业收入，促进服务创新的成功。

在当前动态变化的环境中，在服务创新过程中整合顾客信息已经成为众多企业的需求。在顾客价值主张的作用下，顾客和企业间建立起关系网络，进行信息提供和互动交流等一系列活动。这些信息交换使得企业更加开放，也更具有创新性，可以说顾客价值主张引导的顾客信息提供使企业获得了大量有效的知识和信息，为企业服务创新构建了知识基础，信息得以在企业和顾客之间充分地传递交流，降低了信息的不对称性，从而减少了服务创新中的不确定性和风险，提升了企业服务创新绩效。这种大量的信息交互，推动了知识从顾客端向企业的转移，并通过与企业原有知识的结合，激发出新的构思，增加新服务被市场和顾客接受的机会，帮助组织获取更高水平的服务创新绩效。

因此，本研究提出如下假设。

H3a：信息提供在顾客价值主张和服务创新绩效之间存在显著的中介作用。

描述顾客参与的另一个维度是共同生产，即在服务创新的过程中，顾客积极参与企业的服务设计、传递等过程，进行价值共创。之前的研究可以看出，企业越来越多地依赖顾客进行服务创新，这是由服务生产与消费的同时性所决定的。服务与产品不同，产品的生产和消费环节是分离的，而在服务中，这两者是同时进行的，即生产服务的同时顾客就在消费着服务。因此，在服务中，顾客共同产生的作用更为关键。当企业将顾客视为参与创新的行动者，通过顾客价值主张积极邀请他们加入服务创新的共同生产过程时，顾客就会将自己视为组织的内部成员，在服务创新的各个环节中发挥出自己的作用。

顾客是服务创新的使用者，因此他们对于新服务具有最直接的认识。通过共同生产，他们能够将这种认识及时地反馈给企业，将其融合到创新的环节中，帮助企业进行服务产品的快速迭代更新。而且，在顾客参与企业共同生产，能够将自身的需求与新服务开发结合，从而使得服务创新更加贴合用户的感知价值，同时使顾客对于新服务有全面的认知和预期，降低可能出现的感知风险。共同生产过程有效推动了隐性知识在服务创新中的应用，促使其向显性知识转化，从而填补了企业存在的资源缺口，节约了企业的人力、资金等宝贵资源。而且，在顾客价值主张的作用下，企业与顾客在共同生产过程中的交互更加频繁，这种过程能够激发企业员工和顾客的热情，不断产生新的创意和灵感，并将其转化为实际行动，促进企业开展服务创新。

当前，企业已经不再把顾客视为营销活动的被动接受者，而是把他们作为价值共创过程中不可或缺的行动者。顾客接受企业提出的顾客价值主张后，通过服务创新的共同生产环节，将顾客价值主张的价值导向变为实际价值。在这个过程中，顾客不再游离在企业之外，而是进入企业内部，成为企业的"临时员工"，提供企业不具备的资源参与到新服务开发过程。而顾客价值主张通过制定生产的任务、程序和机制，指导企业和顾客的共同生产行为，统一了他们对于服务创新的认知和目的，减少了在共同生产活动中可能出现的冲突，节约了企业创新的成本，提高了服务创新的效益和效率。

因此，本研究提出如下假设。

H3b：共同生产在顾客价值主张和服务创新绩效之间存在显著的中介作用。

综合以上分析，可以看出，信息提供与共同生产这两个维度，能够将顾客价值主张传导到服务创新的过程中去，从服务创新过程和创新结果两个方面提升组织的服务创新绩效，因此得到本部分的模型如图4-4所示。

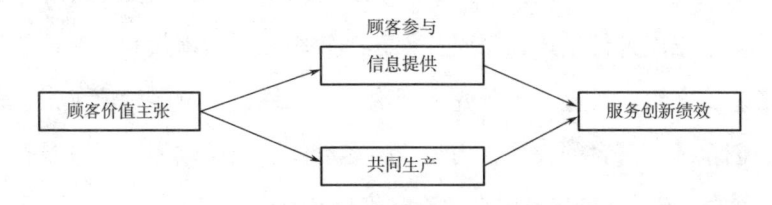

图4-4　顾客参与在顾客价值主张与服务创新绩效中的作用

4.2.4　理论模型构建

在文献回顾的基础上，本研究通过理论演绎，对顾客价值主张、顾客参与以及服务创新绩效间的作用机理进行了分析，提出了顾客价值主张对于服务创新绩效的正向影响作用，顾客价值主张对于顾客参与的正向影响作用，以及顾客参与在顾客价值主张与服务创新绩效间的中介作用。基于上述研究和提出的相关假设，本研究构建如图4-5所示的理论模型。

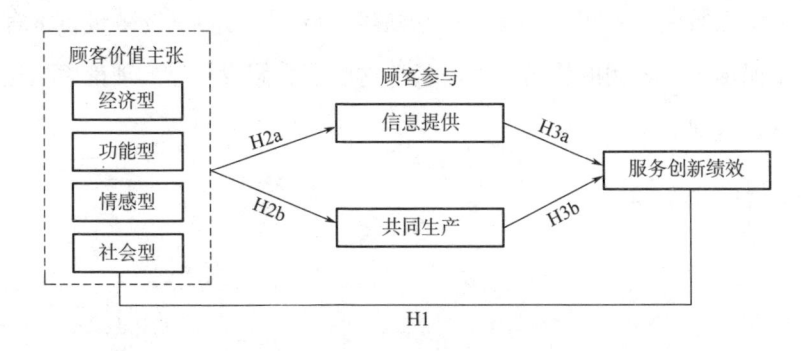

图4-5　顾客价值主张、顾客参与和服务创新绩效关系模型

4.3 本章小结

本章首先对研究涉及的三个变量顾客价值主张、顾客参与和服务创新绩效的概念和研究范围进行了界定，同时确定了它们的维度划分。其中，顾客价值主张划分为经济型、功能型、情感型和社会型四类，顾客参与从信息提供和共同生产两个维度进行描述，而服务创新绩效则从过程绩效和结果绩效两个方面进行考量。之后，通过文献研究和理论演绎，探讨了顾客价值主张、顾客参与和服务创新绩效三者的关系，构建"顾客价值主张—顾客参与—服务创新绩效"的概念模型，共提出5条研究假设，见表4-1。

表4-1 研究假设

假设	假设内容
H1	顾客价值主张对服务创新绩效有显著正向作用
H2a	顾客价值主张对信息提供有显著正向作用
H2b	顾客价值主张对共同生产有显著正向作用
H3a	信息提供在顾客价值主张和服务创新绩效之间存在显著的中介作用
H3b	共同生产在顾客价值主张和服务创新绩效之间存在显著的中介作用

以上研究假设，将顾客价值主张、顾客参与和服务创新绩效进行了有机结合，初步揭示了三者间的作用机理。基于这些研究假设构建的理论模型是后续研究的重要基础。

第5章 顾客价值主张影响服务创新绩效的实证研究

本书在第四章界定了相关变量，提出了研究假设并构建了理论模型。本章将基于以上研究，设计调查问卷，获取相关数据，利用结构方程模型对顾客价值主张、顾客参与以及服务创新绩效三者关系进行定量分析，对研究假设进行检验，为相关结论提供数据支撑。

5.1 研究设计

本研究中涉及的变量包括顾客价值主张、顾客参与、服务创新绩效，其中，顾客价值主张又可以细分为经济型、功能型、情感型和社会型四类，顾客参与可以用信息提供和共同生产来描述，服务创新绩效则包含过程绩效和结果绩效。所有这些变量，都难以从现有的统计数据和公开资料中获取，因此本研究采用调查问卷的方法获取相关数据。

本研究选取结构方程模型（structural equation modeling，SEM）方法对前文提出的关系模型和研究假设进行验证。在本研究构建的关系模型中，各个变量利用调查问卷这种主观性较强的数据获取方式，存在一定的误差，而且自变量和因变量数量较多，因果关系复杂。而结构方程模型可以同时把多个因变量和自变量作为一个整体进行分析，研究它们之间的关系，并且对于变量的测量误差容忍程度较高。此外，在使用结构方程模型时，可以同时对潜变量的因子结构和因子关系进行分析，能够容许更为复杂的测量模型，并对整个模型的拟合程度进行判断，因此适用于本文的研究情境。

5.1.1 问卷设计与变量测量

要想获取可信的研究结论，问卷设计是第一个环节。本研究所有的调查问卷都来自以往研究的成熟量表，为了使问卷符合研究情境，还进行了如下的操作。首先，将英文问卷翻译为中文，并与研究团队进行讨论，确保语义通顺。其次，根据研究内容，对题项进行修改，使其既符合原有的设计逻辑，又能体现本研究内容，并通过与领域类的四位专家学者交流，对问卷进行完善。之后，将设计好的问卷发放给关系良好且知识和经验都较为丰富的五位企业高管成员，请他们对问卷进行试填写，根据他们的反馈意见进一步修改调查问卷，使其便于企业界人员理解，从而形成了最终的问卷。

调查问卷的准确性和客观性会受到调查者的主观影响。为了避免被调查者对问卷的错误回答，本研究还采取了相应的措施。本问卷要求被访者根据最近的服务创新项目经历对问卷进行回答，避免了由于记忆模糊或错误导致问卷不准确。被调查者都是企业的中高层管理人员，且对于服务创新比较熟悉，避免了因对于所需答案不了解带来的问题。还对问卷内容进行了反复修改和详细说明，避免因答题者对于问卷不理解产生的影响。最后，向被调查者说明了问卷完全用于学术研究，不会用于商业目的，回答内容和个人信息绝对保密，打消他们害怕信息泄露而不愿意回答的困扰。本研究中设计的调查问卷均采用了李克特5级量表，从数字1到数字5分别表达了从完全不同意到完全同意的不同结果。

5.1.1.1 顾客价值主张

本研究采用Rintamäki等（2007）提出的经济型价值主张、功能型价值主张、情感型价值主张和社会型价值主张四个维度的划分方法，这种方法较为全面，基本涵盖了其他研究对于顾客价值主张的划分维度。参考Rintamäki等

（2017）、邓朝华等（2010）在研究中提出的量表，并结合研究内容进行相应修改，得到量表见表5-1。

表5-1　变量顾客价值主张测度来源

变量		测度题项	文献来源
顾客价值主张	经济型	公司承诺以合适的价格提供产品或服务（P1）	Rintamäki等（2017）、邓朝华等（2010）
		提供物有所值的产品或服务（P2）	
		提供性价比高的产品或服务（P3）	
		提供更便宜的产品或服务（P4）	
	功能型	公司承诺提供可靠的产品或服务（F1）	
		提供易于使用的产品或服务（F2）	
		提供高效便捷的产品或服务（F3）	
		提供能够满足用户需求的产品或服务（F4）	
	情感型	公司承诺提供能带给客户愉悦心情的产品或服务（M1）	
		让客户享受产品或服务的使用过程（M2）	
		提供能够让用户放心使用的产品或服务（M3）	
		提供与众不同的产品或服务（M4）	
	社会型	公司承诺使用公司的产品或服务能让用户给他人留下良好的印象（S1）	
		让用户获得社会认同感（S2）	
		让用户容易被他人接受（S3）	
		提升用户的自我认知（S4）	

5.1.1.2　顾客参与

本研究认为Fang（2008）提出的顾客参与划分维度，能够较好地反映顾客在资源整合中的参与行为，因此将采用信息提供和共同生产两个维度来描述顾客参与。参考Fang（2008）、郭净等（2017）在论文中使用的量表，并使其更加符合本研究的研究情境，修正后的量表如表5-2所示。

表5–2 变量顾客参与测度来源

变量	测度题项	文献来源
信息提供	顾客会积极向公司传递自己的信息（I1）	Fang（2008）、郭净等（2017）
	公司能积极了解顾客的情况（I2）	
	顾客提供的信息包含其需求和偏好（I3）	
	企业会及时把收到的信息传递给企业各个部门（I4）	
共同生产	服务创新活动中顾客努力的作用非常重要（C1）	
	服务创新需要向顾客请教，让顾客给予帮助与支持（C2）	
	顾客的知识及技能对于服务创新十分重要（C3）	

5.1.1.3 服务创新绩效

服务生态系统中的服务创新是一个多主体的互动过程，因此本研究采用过程维度和结果维度两个方面对服务创新绩效进行衡量。借鉴Hsueh等（2010）、杨艳玲和田宇（2015）所采用的量表，利用6个题项从对服务创新绩效进行测量，修正后的量表见表5–3。

表5–3 变量服务创新绩效测度来源

变量	测度题项	文献来源
服务创新绩效	目前公司降低了开发服务项目的平均费用（SI1）	Hsueh等（2010）、杨艳玲和田宇（2015）
	优化了服务开发流程（SI2）	
	提高了服务创新效率（SI3）	
	开发新服务提高了企业的投资回报率（SI4）	
	提升了市场竞争力（SI5）	
	增强了顾客满意度（SI6）	

5.1.2 样本选择与数据收集

本研究的研究样本主要来自信息通信技术服务企业，选取它们作为研究对象的原因在于，在数字经济中，信息通信技术得到普遍应用，以其为基础的服务企业也因此得到迅速发展，从而成为服务对象最为广泛、顾客参与程度最高、服务创新最为活跃的产业之一，这种特性使得样本数据具有典型性。其次，笔者所在实验室及研究团队一直聚焦于中国信息通信技术产业的研究，在ICT领域有着较为深厚的积累，在长期的研究过程中与众多ICT企业建立了良好的关系，这种关系有助于问卷数据的获取，并可以保证数据质量的可靠性。

本研究的数据收集方法包括：对经济管理学院的MBA和EMBA现场发放调查问卷，要求现场作答并回收问卷；利用去企业调研、访谈的机会，进行实地调研和问卷填写；通过电子邮件与企业联系，获取调查问卷。除此之外，还利用"问卷星"，修改问卷格式，在网络和微信中发布，通过这种方法获取的问卷可在问卷星平台上自动对问卷填写地点、时间和份数等进行统计，容易保证问卷的质量，而且问卷结果可以直接导出到excel中，减少了问卷数据录入等环节，便于数据的分析处理。

问卷收集过程共经过两轮，对于第一轮没有反馈的企业，通过电话、邮件等方式进一步进行沟通，并进行第二轮问卷的收集，从而提升了问卷的回收率。本研究共向北京、上海、江苏、山东等地437家企业发放了调查问卷，回答问卷者均为对于企业服务创新现状较为了解的中高层管理人员，总共回收问卷303份，去除遗漏问题较多、分数明显异常等无效问卷后，获得问卷236份，问卷的回收率和有效率分别为69.3%和77.9%。本研究依据企业成立时间、企业规模等，对样本企业进行了分类，统计性描述见表5-4。

表5-4 样本统计性描述

样本特征	分类标准	企业数量	企业占（%）
企业年龄	≤2年	49	20.8
	3~5年	88	37.3
	6~10年	61	25.8
	>10年	38	16.1

续表

样本特征	分类标准	企业数量	企业占（%）
员工人数	≤10人	8	3.4
	11～100人	95	40.3
	101～300人	77	32.6
	>300人	56	23.7

5.1.3 信度与效度检验

本部分研究是基于调查问卷数据的实证研究，在进行数据分析之前，需要对调查问卷获得数据的质量进行检验，以保证结果的可靠性和准确性。首先对数据进行描述性统计分析，然后对数据进行一系列的分析和检验，具体内容包括探索性因子分析、信度检验、效度检验等，只有当实证研究符合信度和效度的标准时，才能获得可信、可靠和具有说服力的结果。在本文中，采用SPSS 22版本和AMOS 21版本的软件对数据进行检验。

5.1.3.1 描述性统计分析

描述性统计是运用数学语言概括和总结样本特征，描述变量间关系的方法。

通过对样本数据中各变量极值、均值、百分比以及类别、比例等的表述，反映出样本数据的统计特征。本研究共收到有效调查问卷236份，其中相关变量的描述性统计分析见表5-5。

5.1.3.2 信度分析

信度（Reliability）是指测量结果免受误差影响的程度，用于评价检测结果的一致性、稳定性和可靠性。信度较高，则说明设计的问卷能够消除更多的随机误差，多次测量结果能够获取近似相同的结果，保持结果一致性。通常Cronbach's α 系数被用于进行信度检验。Nunnally（1978）、Joseph等（1987）提出，α 系数大于0.7时，数据信度较好，能够作为研究数据使用，并且每个题项对总体的相关系数也需要大于0.4，如果没有超过0.4，则该题项需要删除，从而提高整体数据的信度。在本研究中，利用SPSS 22软件计算可得，所有变量的Cronbach's α系数均大于0.7，说明量表中各变量的一致性良好，且各个分项对于总项的相关系数均大于0.4，题项不需要进行修改，信度检验通过，具体结果见表5-6。

表5-5 变量描述性统计分析（N=236）

变量		编号	极小值	极大值	均值	标准差
顾客价值主张	经济型	P1	2	7	4.90	1.125
		P2	2	7	5.01	1.017
		P3	2	7	5.18	1.017
		P4	1	7	5.38	1.055
	功能型	F1	3	7	5.25	0.980
		F2	2	7	5.09	1.027
		F3	2	7	5.10	0.949
		F4	2	7	5.22	0.945
	情感型	M1	2	7	5.38	0.940
		M2	4	7	5.58	0.935
		M3	3	7	5.47	1.020
		M4	2	7	5.42	0.930
	社会型	S1	2	7	5.00	1.046
		S2	1	7	4.63	1.097
		S3	1	7	4.89	1.126
		S4	1	7	5.06	1.226
信息提供		I1	1	7	4.86	1.168
		I2	1	7	4.61	1.167
		I3	1	7	5.67	1.135
		I4	1	7	4.81	1.268
顾客参与		C1	1	7	5.55	1.160
		C2	1	7	5.19	1.142
		C3	1	7	5.03	1.163
服务创新绩效		SI1	1	7	4.93	1.046
		SI2	1	7	5.08	1.043
		SI3	1	7	5.03	1.079
		SI4	1	7	5.06	1.013
		SI5	1	7	5.20	0.967
		SI6	1	7	5.12	1.014

表5-6 Cronbach's α系数

变量	题项	分项对总项相关系数	删除该题项后的α值	α系数
经济型	P1	0.529	0.946	0.816
	P2	0.581	0.946	
	P3	0.637	0.945	
	P4	0.611	0.945	
功能型	F1	0.689	0.945	0.833
	F2	0.622	0.945	
	F3	0.542	0.946	
	F4	0.723	0.944	
情感型	M1	0.495	0.946	0.815
	M2	0.531	0.946	
	M3	0.502	0.946	
	M4	0.482	0.946	
社会型	S1	0.572	0.946	0.804
	S2	0.617	0.945	
	S3	0.529	0.946	
	S4	0.458	0.947	
信息提供	I1	0.513	0.946	0.797
	I2	0.628	0.945	
	I3	0.549	0.946	
	I4	0.564	0.946	
共同生产	C1	0.599	0.945	0.870
	C2	0.662	0.945	
	C3	0.695	0.944	
服务创新绩效	SI1	0.625	0.945	0.878
	SI2	0.730	0.944	
	SI3	0.676	0.945	
	SI4	0.721	0.944	
	SI5	0.714	0.944	
	SI6	0.736	0.944	

5.1.3.3 探索性因子分析

因子分析是进行效度检验的重要方法，但在进行效度检验前，首先需要进行探索性因子分析，以确定各个变量的差异间是否存在共同方差，检验获取数据的样本充分性。KMO抽样适切度检验（Kaiser Meyer-Olykin Measur of Sample Adequacy）和巴特莱球形检验（Bartlett Test of Sphericity）是进行探索性因子分析的常用工具，用于判断数据是否适合进行因子分析。通常认为，KMO的值大于0.9、0.8~0.9、0.7~0.8、0.6~0.7、0.5~0.6、小于0.5分别对应着"非常适合""很适合""适合""勉强适合""不太适合"和"不适合"，而Bartlett球形检验的统计值需要异于0。

利用SPSS 22软件对统计数据进行检验，得到顾客价值主张、信息提供、共同生产和服务创新绩效的KMO值分别为0.907、0.750、0.727、0.866，Bartlett球形检验显著性概率为0.000，说明结果通过检验，适合进行因子分析（表5-7）。

表5-7 KMO和球形检验

KMO样本充分性测量		顾客价值主张	信息提供	共同生产	服务创新绩效
		0.907	0.750	0.727	0.866
Bartlett's 球形检验	近似卡方	1460.635	297.179	356.425	1078.092
	自由度	120	6	3	15
	显著性	0.000	0.000	0.000	0.000

5.1.3.4 效度检验

效度（validity）指的是概念定义和操作定义之间的契合，能够反映排除系统误差能力的强弱。效度包括内容效度、结构效度、收敛效度和区别效度等，本部分将分别对其进行检验。

（1）内容效度主要衡量的是量表在多大程度上包含所要研究的主体。当一个量表既涵盖了研究中的变量，又能准确测量这些变量，其内容效度就会比较高。在本研究中，所采用的量表都是已有文献中的成熟量表，并且通过翻译、预调研、访谈、修正等多个步骤对量表进行了完善，符合量表设计的程序，因此内容效度较好。

（2）结构效度用于检测测试与理论的一致性，即测试结果能够在多大程度上说明理论的结构或特质，是测试中最为重要的特性。本研究采用AMOS 21软件进行验证性因子分析，以检验模型的结构效度。

首先对顾客价值主张中经济型、功能型、情感型和社会型四个维度进行验证性因子分析，其测量模型如图5-1所示。

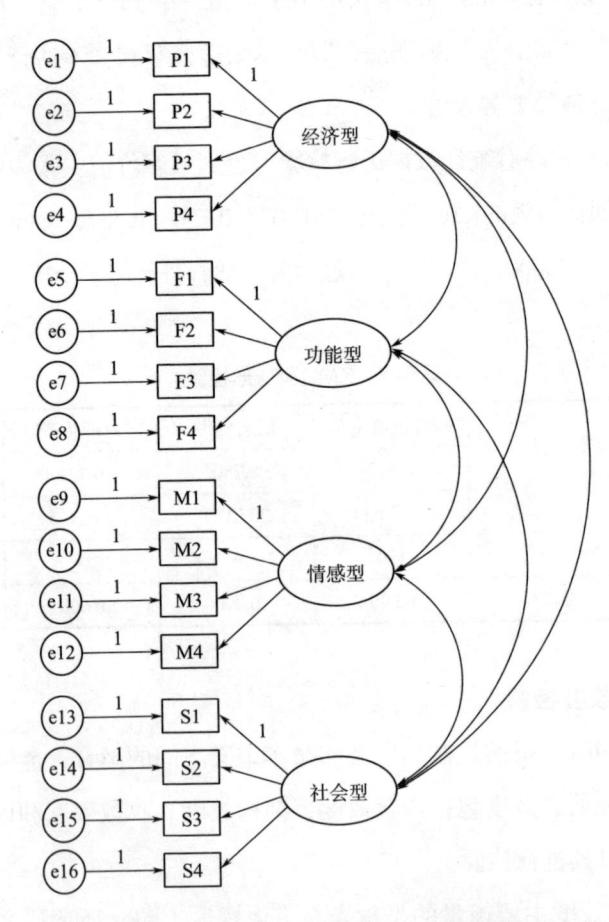

图5-1 四个维度的顾客价值主张测量模型

在进行验证性因子分析时，选取χ^2/df、GFI、AGFI、RMSEA以及NFI作为判断标准。其中χ^2/df要求小于3，GFI、AGFI、NFI都要求大于0.8，而RMSEA则要求小于0.08。利用AMOS对顾客价值主张四个维度获取的数据进行计算，发现所有指标均满足标准（表5-8）。

表5-8　不同维度价值主张验证性因素分析

拟合指标	χ^2/df	GFI	AGFI	RMSEA	NFI
经济型	1.555	0.993	0.966	0.049	0.990
功能型	1.327	0.995	0.973	0.037	0.992
情感型	2.238	0.991	0.954	0.073	0.987
社会型	1.832	0.992	0.960	0.059	0.987
标准	<3	>0.8	>0.8	<0.08	>0.8

其次，对顾客参与的两个维度，即信息提供和共同生产进行验证性因子分析，测量模型如图5-2所示。

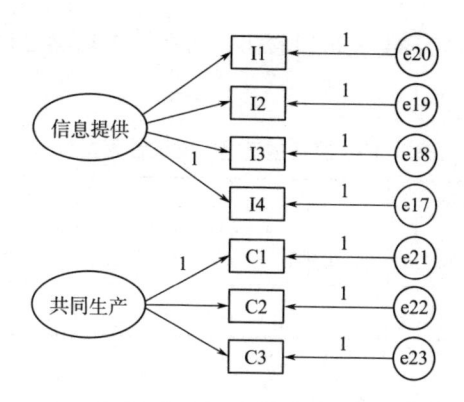

图5-2　信息提供与共同生产测量模型

经过检验，信息提供和共同生产各指标值均符合要求，见表5-9。

表5-9　信息提供与共同生产验证性因素分析

拟合指标	χ^2/df	GFI	AGFI	RMSEA	NFI
信息提供	2.192	0.991	0.954	0.071	0.983
共同生产	2.329	0.993	0.961	0.075	0.994
标准	<3	>0.8	>0.8	<0.08	>0.8

最后，对服务创新绩效进行验证性因子分析，测量模型如图5-3所示。

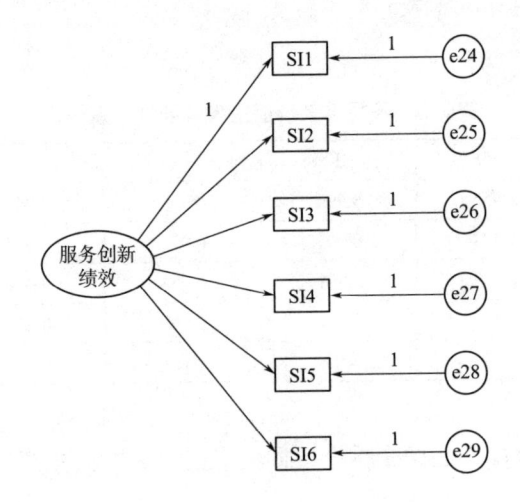

图5-3 服务创新绩效测量模型

分析结果见表5-10，由表可以看出，所有结果均满足标准要求。

表5-10 服务创新绩效验证性因素分析

拟合指标	χ^2/df	GFI	AGFI	RMSEA	NFI
服务创新绩效	2.150	0.991	0.937	0.070	0.994
标准	<3	>0.8	>0.8	<0.08	>0.8

由以上结果可以看出，包括四个维度的顾客价值主张、信息提供、共同生产以及服务创新绩效在内的所有变量均通过了验证性因素分析，各指标值均满足标准，表明结构效度良好。

同时，为了精简模型，根据Rintamäki等（2017）的研究结论，利用二阶构念顾客价值主张替代经济型、功能型、情感型和社会型四个一阶构念，以期简化模型的复杂程度，如图5-4所示。

为了确保用二阶构念替代一阶构念不会对研究结果造成影响，需要对模型进行二阶验证性因子分析。Lai等（2010）提出了二阶验证性因子分析的方法，在他们的研究中，目标系数被认为是衡量二阶构念的重要参数。目标系数是一阶模型（有相关）的卡方值与二阶模型卡方值的比值，当这个值接近1时，则说明二阶模型能够替代一阶模型。在本研究中，目标系数就是一阶四因子（有相关）模型卡方值与二阶四因子模型卡方值的比值。

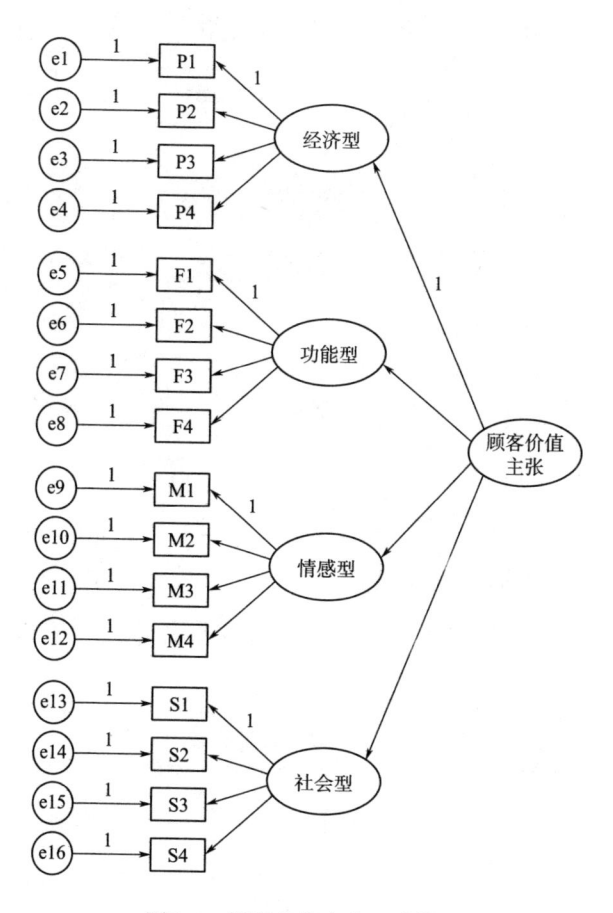

图5-4 顾客价值主张二阶模型

经过计算可得，一阶四因子（有相关）模型卡方值为193.623，而二阶四因子模型卡方值为197.912，两者的比值为0.978，十分接近1，说明本研究中构建的二阶模型能够较好地替代一阶模型，研究结果不会受到影响，见表5-11。

095

表5-11　二阶验证性因素分析

模型	χ^2	df	χ^2/df	GFI	AGFI	RMSEA	NFI
一阶单因子模型	470.533	104	4.524	0.775	0.706	0.122	0.740
一阶四因子模型（无相关）	542.502	104	5.216	0.764	0.691	0.134	0.700
一阶四因子模型（有相关）	193.623	98	1.976	0.909	0.874	0.064	0.893
二阶四因子模型	197.912	100	1.979	0.906	0.872	0.065	0.891

（3）收敛效度和区别效度。本部分将对各构念的收敛效度和区别效度进行检验。收敛效度，又称聚合效度，是用来判定一个构念的所有题项是否与其高度相关，测量结果是对这一构念的体现。判断收敛效度的指标包括各题项的标准化因子载荷，以及由此计算得到的平均方差提取值（Average Variance Extracted，AVE）和构建信度（Construct Reliability，CR），通常情况下，标准化因子载荷值大于0.5、AVE值大于0.5、CR值大于0.7说明收敛效度较好。本研究利用AMOS软件得到各题项的标准化因子载荷，最小值为0.62，在此基础上，计算得出AVE和CR，其中AVE的最小值为0.504，CR的最小值为0.800，见表5-12。由分析结果可以看出，所有变量的指标均符合标准，说明量表的收敛效度较好。

表5-12　收敛效度检验

变量	题项	因子载荷	CR	AVE
经济型	P1	0.74	0.818	0.531
	P2	0.80		
	P3	0.72		
	P4	0.65		
功能型	F1	0.79	0.834	0.557
	F2	0.77		
	F3	0.71		
	F4	0.72		

续表

变量	题项	因子载荷	CR	AVE
情感型	M1	0.65	0.820	0.535
	M2	0.84		
	M3	0.76		
	M4	0.67		
社会型	S1	0.78	0.806	0.511
	S2	0.74		
	S3	0.68		
	S4	0.66		
顾客价值主张	经济型	0.78	0.854	0.595
	功能型	0.83		
	情感型	0.75		
	社会型	0.72		
信息提供	I1	0.73	0.800	0.504
	I2	0.84		
	I3	0.62		
	I4	0.62		
共同生产	C1	0.76	0.872	0.659
	C2	0.89		
	C3	0.85		
服务创新绩效	SI1	0.69	0.881	0.555
	SI2	0.76		
	SI3	0.88		
	SI4	0.75		
	SI5	0.69		
	SI6	0.68		

区别效度是用来检测不同构念之间区分度的指标。在进行构念的测量时，不仅要求该构念的题项能够准确测量本构念，还需要与其他构念的测量无关，这就是区别效度。利用AVE值检验区别效度，是一种比较常见的方法。如果

一个变量和其他变量的相关系数小于该变量AVE的平方根，则说明量表的区别效度良好。根据表5-12中AVE的计算结果，以及利用AMOS计算得到的各变量间的相关系数，可以发现各变量AVE的开方值分别为0.771、0.710、0.812、0.745，大于变量间的相关系数，因此量表的区别效度良好（表5-13）。

表5-13　区别效度检验

项目	顾客价值主张	信息提供	共同生产	服务创新绩效
顾客价值主张	0.771			
信息提供	0.538	0.710		
共同生产	0.618	0.530	0.812	
服务创新绩效	0.666	0.604	0.590	0.745

注　对角线上黑体数值为AVE的开方值。

以上进行了探索性因子分析、信度检验、效度检验等过程，检验结果证实量表及调查数据达到了各种检验设定的标准，通过检验，具有良好的信度和效度，二阶模型也能够较好地替代一阶模型，因此模型和数据可以用于后续的数据分析过程。

5.1.4　数据分析

根据前文提出的研究假设、理论模型及各变量的测量题项，可以得到本研究的二阶中介模型，如图5-5所示。在模型中，共有经济型价值主张、功能型价值主张、情感型价值主张、社会型价值主张、信息提供、共同生产、服务创新绩效7个潜变量，它们共由29个显变量即题项来描述和测量。在这些潜变量中，四类顾客价值主张为因变量，顾客参与的两个维度信息提供和共同生产为中介变量，而服务创新绩效为因变量。此外，本模型还利用二阶构念顾客价值主张替代了四种不同类型价值主张的一阶构念，从而减少了模型的复杂程度。

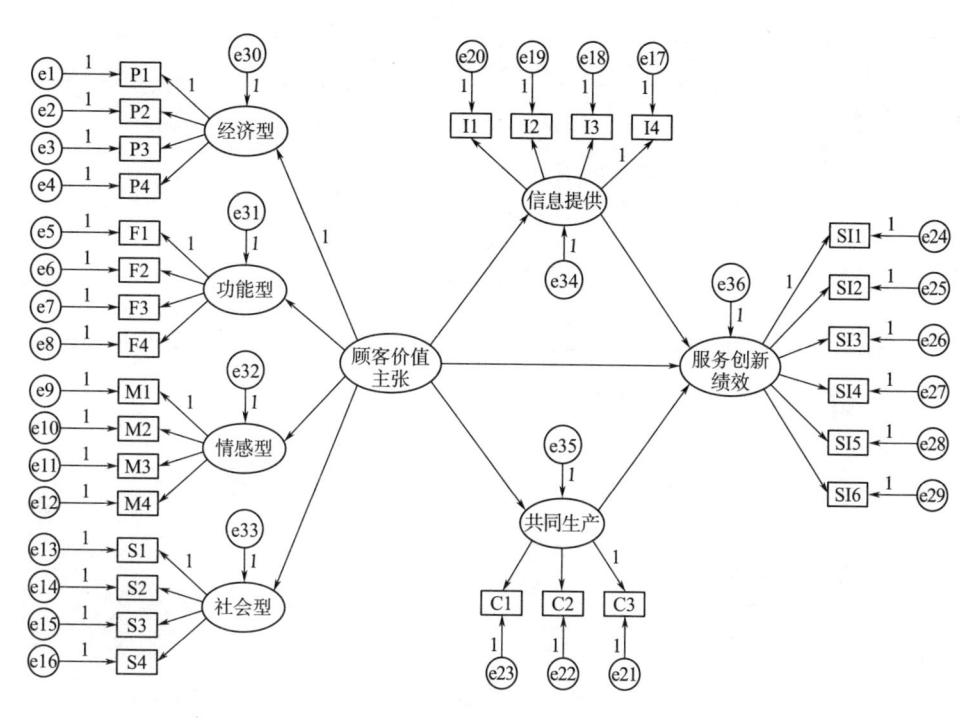

第5章 顾客价值主张影响服务创新绩效的实证研究

图5-5 二阶中介模型

对于本模型，首先需要对拟合度进行检验。检验模型拟合度的指标有很多，本研究选取了χ^2/df、GFI、AGFI、NFI、RMSEA、AIC等值作为检验标准。其中，χ^2/df是卡方检定值与自由度的比值，检验的是样本协方差矩阵与估计方差矩阵的相似度，通常需要小于3。GFI和AGFI分别为拟合优度指数和调整拟合优度指数，NFI为基准适配度指标，三者的值都需要大于0.8。RMSEA叫作近似误差均方根，如果该值小于0.08，则说明模型拟合合理。AIC作为信息标准指数，需要越小越好。通过AMOS软件，得到各个检验指标的值。可以发现，其中预设模型χ^2/df的值为1.990，GFI的值为0.845，AGFI的值为0.813，NFI的值为0.835，RMSEA的值为0.065，这些值都符合标准；而AIC在独立模型、饱和模型和预设模型中的值分别为4482.653、870.000、866.195，预设模型中的AIC值最小，因此各个拟合度指标均通过检验，模型拟合度较好（表5-14）。

表5-14 模型拟合指数

拟合指标	χ^2/df	GFI	AGFI	RMSEA	NFI	AIC
独立模型	10.898	0.180	0.122	0.205	0.000	4482.653
饱和模型	—	1.000	—	—	1.000	870.000
预设模型	1.990	0.845	0.813	0.065	0.835	866.195
标准	<3	>0.8	>0.8	<0.08	>0.8	尽量小

在模型拟合度通过检验后，将样本数据带入计算，计算模型中各路径的标准化路径系数，如图5-6所示。

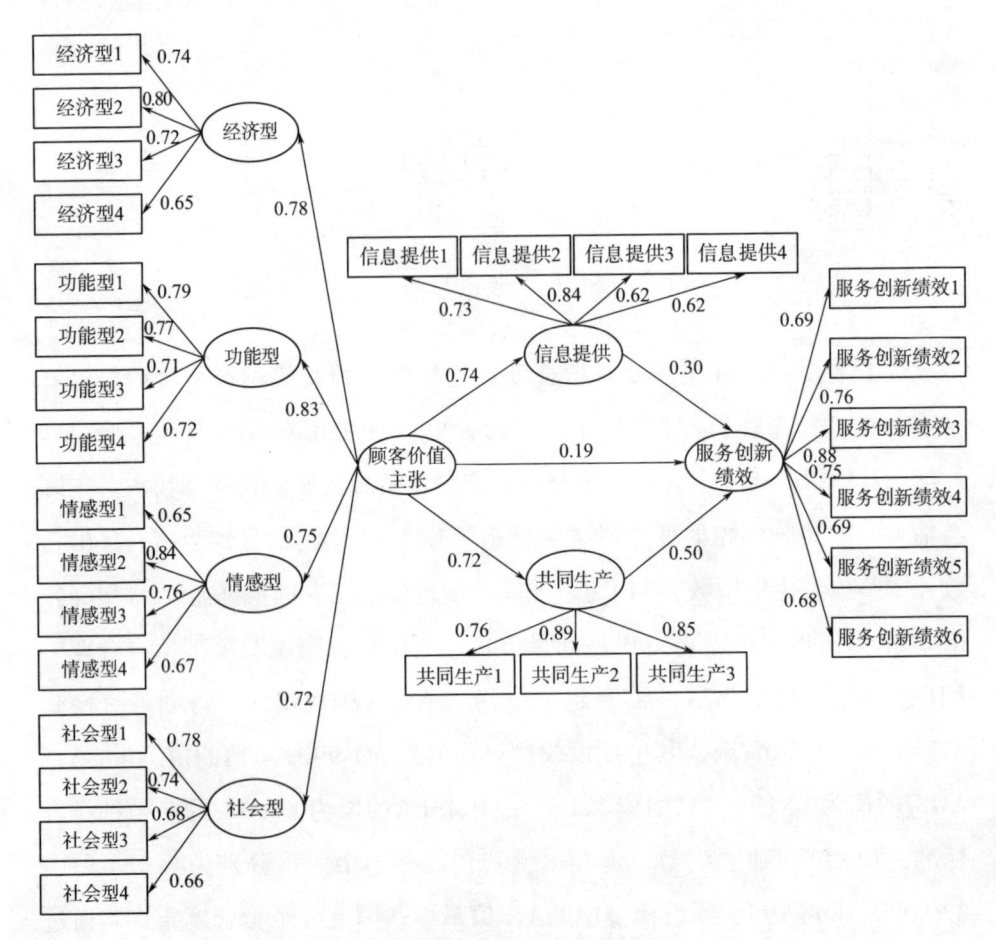

图5-6 模型计算结果

计算得到非标准路径系数、标准化路径系数、SE、CR以及各路径P值，见表5–15。

表5–15　路径系数

路径	估计值	标准值	SE	CR	P
顾客价值主张→服务创新绩效	0.781	0.744	0.102	7.687	***
顾客价值主张→信息提供	0.901	0.738	0.127	7.069	***
顾客价值主张→共同生产	1.098	0.718	0.132	8.319	***
信息提供→服务创新绩效	0.264	0.304	0.074	3.589	***
共同生产→服务创新绩效	0.343	0.495	0.056	6.157	***

由表5–15可以看出，"顾客价值主张→服务创新绩效"的标准化路径系数β为0.744（$P<0.001$），说明顾客价值主张能够显著地正向影响服务创新绩效，开发顾客价值主张是提升企业服务创新绩效的有效手段，从而假设H1得到验证。

"顾客价值主张→信息提供""顾客价值主张→共同生产"的标准化路径系数β分别为0.738（$P<0.001$）、0.718（$P<0.001$），说明顾客价值主张能够显著正向影响信息提供、共同生产等顾客参与的行为，具有吸引力的顾客价值主张能够促进顾客提供自身的宝贵信息，参与新服务的开发过程，与企业共同生产出新的服务产品，假设H2a、H2b得到验证。

"信息提供→服务创新绩效""共同生产→服务创新绩效"的标准化路径系数β分别为0.304（$P<0.001$）、0.495（$P<0.001$），证实了顾客参与中的信息提供、共同生产对服务创新绩效具有显著的正向影响，这也与之前学者的研究结论一致。

在此之后，本研究对信息提供和共同生产的中介效果进行检验。中介效果包括总中介效果和两个变量各自的中介效果。Hayes（2009）指出，利用AMOS软件中的Bootstrapping，计算各个变量的置信区间是一种好的中介效果检验方法，如果置信区间不包含0值，则说明两者关系显著，而包含0值，则说明两者关系不显著，假设不成立。

通过计算得到，顾客价值主张到服务创新绩效总效果的标准值为0.766，置信区间为［0.633, 1.036］，这一区间不包含0，因此顾客价值主张到服务创新绩效的关系显著。计算顾客参与的中介效果，其中间接效果的标准值为0.580，置信区间为［0.306, 0.950］，不包含0，表明顾客参与在顾客价值主张和服务创新绩效之间起到中介作用；而计算顾客价值主张到服务创新绩效直接效果的置信区间为［-0.045, 0.520］，可以发现0包含在这个区间中，即顾客价值主张无法直接对服务创新绩效产生作用，直接效果不显著，因此说明顾客参与在顾客价值主张和服务创新绩效两者之间发挥完全中介的作用，见表5-16。

表5-16 中介效果检验

路径		估计值	标准值	Bootstrapping（95% CI）		PRODCLIN（95% CI）	
				Lower	Upper	Lower	Upper
顾客价值主张→服务创新绩效	总效果	0.812	0.766	0.633	1.036		
	间接效果	0.614	0.580	0.306	0.950	—	
	直接效果	0.197	0.186	-0.045	0.520		
顾客价值主张→信息提供→服务创新绩效	间接效果	0.238	0.224	—		0.083	0.452
顾客价值主张→共同生产→服务创新绩效	间接效果	0.377	0.355			0.205	0.597

但以上结果的讨论只证实了顾客参与的中介作用，未能说明信息提供和共同生产两个维度是否都发挥出中介作用，或者只是某个维度具有中介效应，因此需要对这两个维度的中介效果分别进行检验。在本文中，采用MacKinnon等（2007）提出的PRODCLIN方法，对信息提供和共同生产各自的中介效果进行检验。PRODCLIN方法同样是计算置信区间，判断0是否包含在其中。

通过计算，可以得到如表5-16所示的结果，其中路径"顾客价值主张→信息提供→服务创新绩效"的标准化系数为0.224，而置信区间的范围是［0.083，0.452］，不包含0值，因此信息提供的中介效果存在；而路径"顾客价值主张→共同生产→服务创新绩效"的标准化系数为0.355，置信区间的范围是［0.205，0.597］，同样也不包含0值在内，共同生产中介效果存在。假设H3a、H3b通过检验。

总结以上分析结果，可以看出，假设H1、H2a、H2b、H3a、H3b均通过检验，假设成立，见表5-17。

表5-17　假设检验结果

假设	检验结果
H1：顾客价值主张对服务创新绩效有显著正向作用	支持
H2a：顾客价值主张对信息提供有显著正向作用	支持
H2b：顾客价值主张对共同生产有显著正向作用	支持
H3a：信息提供在顾客价值主张和服务创新绩效之间存在显著的中介作用	支持
H3b：共同生产在顾客价值主张和服务创新绩效之间存在显著的中介作用	支持

5.2　结果讨论

通过以上的数据分析，本章的研究假设都得到了验证。首先，顾客价值主张能够正向影响企业服务创新绩效。当前很多企业并没有认识到顾客价值主张对于服务创新的积极作用，也缺乏开发顾客价值主张的组织行为。本章通过定量研究，说明了顾客价值主张能够促进企业服务创新，提升创新绩效，从理论上激励和支撑了企业发展顾客价值主张的行为。而且，在研究中可以发现，四类顾客价值主张的因子载荷分别为经济型0.78、功能型0.83、情感型0.75、社会型0.72，这说明对于当前中国的ICT服务企业来说，功能型价值主张是最为关键的顾客价值主张，也是企业应该关注的重点。例如在实际中，顾客参与移动支付的服务创新时，首先是被其便捷支付的功能所吸引。

其次，顾客价值主张能够促进顾客参与新服务开发过程。企业越来越重视顾客的作用，希望顾客能够成为企业的"外部员工"，提供企业所不具备的信息和资源，帮助企业成功地开展服务创新，然而不知道如何吸引顾客加入。本研究证实了顾客价值主张对顾客参与的促进作用，为企业吸引顾客参与服务创新过程提供了有效的手段。提出具有吸引力的顾客价值主张，满足不同顾客的个性化需求，顾客就会接受企业的邀请，参与到新服务开发的实践中去，从而推动顾客参与服务创新的行为。而且，顾客价值主张有利于帮助顾客建立合适的价值期望，避免顾客感知价值与期望值之间的巨大差异，进而提高顾客对于企业服务创新的满意度，提升顾客对于服务创新的参与意愿。

最后，信息提供和共同生产在顾客价值主张与服务创新绩效间发挥完全中介作用。本研究表明，顾客价值主张无法直接影响企业的服务创新绩效，而是把信息提供和共同生产这两种顾客参与行为作为中介，传递对服务创新的作用。也就是说，当企业开发出引人注目的价值主张后，也需要提供相应的平台和机制，使得顾客能够快速有效地提供自身宝贵信息，便利地加入新服务的开发过程中，实现与企业共同生产。这样顾客才能够将自身认识、需求等隐性知识向显性知识转化，并将这些知识融合到创新的各个环节，帮助企业进行服务产品的快速迭代更新。顾客的参与填补了企业存在的资源缺口，节约了企业的人力、资金等宝贵资源。因此，有效地发挥顾客价值主张以及顾客参与的作用，将顾客的知识和技能融入企业的服务创新过程，能够有效提升服务创新的效率和效果。

5.3 本章小结

本章在第四章的研究基础上，设计调查问卷并向ICT企业发放，共收集236份。利用SPSS、AMOS等软件，对数据进行分析，通过验证性因子分析、探索性因子分析、信度效度检验、模型拟合度检验以及中介效果检验等过程，对研究假设进行检验。数据分析结果支持了提出的研究假设，证实了顾客价值主张对于服务创新绩效的正向影响，以及顾客参与的两个维度——信息提供和共同生产在两者间的完全中介作用。结果还显示功能型价值主张是当前最为重要的顾客价值主张。

本章的研究一方面响应了Ballantyne等（2011）细分顾客价值主张的呼吁，拓展了顾客价值主张这一服务生态系统中服务创新要素的研究；另一方面通过将顾客价值主张、顾客参与和服务创新绩效的有机结合，剖析了三者之间的作用机理，验证了服务主导逻辑的相关理论。

第6章　服务生态系统中服务创新路径探索

本章将在构建的服务创新理论框架和实证研究的基础上,对服务生态系统中企业开展服务创新的路径进行探索。为得到服务创新要素的实施顺序,将设计调查问卷,通过专家打分的方法获取数据,并利用DANP(DEMATEL-Based ANP)方法对数据进行计算,得到各服务创新要素的影响关系和权重;基于DANP方法的计算结果,对传统NK模型进行修正,并通过MATLAB编码仿真,模拟修正后NK模型的变化过程,从而确定企业服务创新的实施步骤,得到服务生态系统中企业服务创新路径,以期为企业在复杂系统环境下的服务创新提供借鉴和指导。

6.1　NK模型与DANP研究方法

在本部分的研究中,需要对服务生态系统中的服务创新路径进行探索。服务生态系统是一个自适应、自调节的系统,系统中每个参与者的活动,包括资源整合、服务交换和价值创造等,都将在一定程度上改变着系统的性质,从而改变下一次迭代和价值创造的背景。服务生态系统中的服务创新要素并不孤立,它们相互影响,相互制约,共同作用促进服务创新的发展,一个要素的创新可能会造成其他要素的变化,进而对整个服务创新的生态系统带来影响。因此,需要从更加系统的角度,研究服务创新要素间相互作用如何影响服务生态系统中的服务创新，从而得到复杂系统中企业的服务创新路径。而NK模型正是这样一种适合研究系统内部要素作用如何影响系统整体状态的方法。

6.1.1 NK模型

NK模型是一种基于主体的结构化仿真方法，来源于进化生物学的研究思想：生物体的进化是多种基因的共同作用，一种基因状态的变化不仅影响自身，还会影响其他与其相关基因的状态，生物体也因此发生变化。为了描述生物体进化的优劣程度，Wright（1932）提出了适应度景观的概念，以山峰和山谷来描述生物体的状态。在这些研究的基础上，Kauffman（1993）提出了NK模型并引入适应度景观，用于分析系统内部元素的相互作用、模拟系统的演化过程。利用NK模型，能够将系统的发展反映为景观地形的变化，将复杂问题的最优解决方案抽象为景观地形上从山谷到山峰的攀爬过程，从而更加直观地显示和剖析复杂的研究问题，因此很快便在战略管理、技术管理、团队管理以及创新管理等多个领域得到广泛应用。

NK模型通过计算机仿真揭示研究系统内部要素以及系统和环境之间相互作用如何影响系统的发展，适合于复杂系统的演化研究。本章是对服务生态系统中的服务创新进行研究，由于系统的复杂性以及各要素相互影响的关系，服务创新存在很大的不确定性，难以确定系统的发展变化与服务创新要素间的确切函数以及最优的服务创新路径，因此NK模型同样也适合于本研究。

正如在文献综述中所提到的，N和K是NK模型中最为关键的两个参数。N原用于描述生物体中的基因数目，而在本研究中表示服务生态系统中服务创新要素的数量，也就是主体的个数。由第三章的模型可以看出，在本研究中$N=5$，具体包括A2A网络、价值主张、资源整合、制度化过程以及IT 5个服务创新要素。而参数K是具有上位关系的主体个数，用来描述基因之间的相互依赖关系，即每个基因会受到其他K个基因的影响，而在本研究中指的是与一个服务创新要素相互关联的其他要素的数量。

除了N和K之外，NK模型中还有其他几个重要的参数：主体可能的状态a_i以及系统的整体适应度函数W。a_i又被称为"等位基因"，用来表示生物体中基因的状态，可以用0、1、2、3等整数来描述a_i的值，在本研究中指的是服务创新要素的状态。整体适应度函数W用于表示整个生物体的适应性，在本研究中表示的是服务生态系统中服务创新要素的适应度。需要说明的是，通过研究Kauffman指出a_i值的数量与系统的整体适应度关系不大，所以在不失一般性的情况下，通常将主体可能的状态a_i进行简化，只设置为0和1两种状态，在本研究中，各个服务创新要素同样只设置为这两种状态。

由以上分析可以发现，服务生态系统中服务创新的过程可以类比为生物体通过基因改变而进化的过程，两者的对应关系见表6-1。

表6-1 生物体与服务生态系统中服务创新的类比

参数名称	生物体进化系统	服务生态系统中的服务创新
N	生物体中的基因数量	服务生态系统中的服务创新要素数量
K	基因之间相互影响关系	服务创新要素间的相互影响关系
a_i	基因拥有的等位基因	服务创新要素的状态
W	生物体的适应度	服务生态系统中服务创新效果的适应度

但是传统的NK模型存在两个不足。第一，NK模型中，认为所有要素的K值相同，即所有要素会受到相同数量的其他要素的影响，但在实际中，每个要素可能受到不同数量的其他要素的影响，所以每个要素的k_i值可能是不相同的。在这种情况下，当一个要素状态变化时，会影响不同数量其他要素状态的变化。第二，NK模型在计算系统适应度W时，采用的方法是将所有要素的适应度值相加取算数平均数的方法，这种方法默认所有要素权重是相同的，这与现实并不相符。实际上，各个要素的权重是不相同的，因此它们状态的变化对系统适应度的影响也不相同。为解决传统NK模型存在的缺陷，本研究引入了DANP方法。

6.1.2 DANP方法

企业在服务生态系统中开展服务创新是一个多标准决策的复杂过程，目前解决多标准决策问题有许多方法，如AHP、TOPSIS、VIKOR等。其中，ANP方法的基础就是AHP方法。AHP（analytic hierarchy process）方法是由Saaty教授在1976年提出，其逻辑架构包括目标层、准则层和方案层。AHP方法存在几个基本的假设，包括：层次之间不存在反馈支配的关系，层次内各要素相互独立，跨层次的要素不存在直接关系。基于这些基本假设，AHP方法构建判断矩阵，对各层级中统一准则下要素的重要度进行相互比较，并利用矩阵运算等一系列数学方法得到各要素的权重，以做出合理的决策。

然而，包括AHP在内的许多多标准决策方法都假设各个标准相互独立，这种假设对许多现实问题并不成立，特别是在一个生态系统中，所有要素在大多数情况下存在着相互作用的关系。例如，在本研究中，A2A网络的规模对于价值主张、资源整合、制度化过程都有着明显的影响。因此，Saaty（1996）提出网络层次分析法（analytic network process，ANP）以解决标准间的依赖、反馈关系。ANP将系统元素划分为控制层和网络层，其中控制层包括需要实现的目标和决策中采取的准则，而网络层则包括所有受到控制层支配的要素。在控制层中，各个决策准则被认为是相互独立的。但是在网络层中，各个要素之间不再是独立的，而是相互影响和制约的，所有这些要素构成一个相互依赖并反馈的网络结构。之后，根据这些网络结构，ANP构建判断矩阵，比较准则层要素以及所有网络层要素的优势度，计算得到各个要素的权重。

但ANP方法也有其自身的不足。在ANP方法中，通常假定决策问题网络结构已知，并且各元素集权重相同，这与事实并不相符；而且当ANP中元素较多时，比较矩阵过多，而且部分比较矩阵没有明确的含义，难以解释，使得回答问卷的决策者无法提供准确信息。因此，近年来，综合多种方法进行多标准决策的做法被广泛采用。在这其中，将DEMATEL（Decision Making Trial and Evaluation Laboratory，决策实验与评价实验法）和ANP结合是发展最为迅速的方法之一。

综合运用DEMATEL和ANP的方法大致可分为4类，分别是：Network Relationship Map（NRM）of ANP、Inner Dependency in ANP、Cluster-Weighted ANP、DEMATEL-Based ANP（DANP）。在Network Relationship Map（NRM）of ANP方法中，DEMATEL用于构建网络关系图，以明确ANP方法中整体的网络结构。在Inner Dependency in ANP方法中，DEMATEL方法用于确定各要素间的影响关系，通过设定阈值的方法，减少相互影响的要素，从而减少ANP中的比较矩阵，简化运算过程。Cluster-Weighted ANP方法，则是利用DEMATEL方法计算出各个簇群也就是各个元素集的权重，并将其应用到ANP中，从而提高各个要素权重的准确性。

DEMATEL-Based ANP（DANP）方法集合了其他三种方法的优点，在实际应用中比ANP方法更加有效，因此方法一经提出，就得到迅速发展，应用于政策评估、风险分析、因素研究等领域，成为多标准决策的重要方法。

DANP方法中，DEMATEL用于解决多因素交织系统的影响因素问题，它充分利用专家经验知识，通过图论与矩阵工具计算各因素影响度、被影响度、中心度及原因度，以矩阵或有形图方式，将因素间关系转换为可理解的系统结构模型。同时，DANP方法采用综合影响矩阵代替ANP中的成对比较矩阵，并使用ANP计算方法得到各因素权重，既降低了ANP方法的复杂性，又解决了系统中各因素的依赖和反馈关系。因此，本研究采用DANP方法，识别服务生态系统中服务创新要素的相互影响关系和指标权重。

DANP方法可以分为两个部分，第一部分是应用DEMATEL方法构建网络关系图，第二部分是将DEMATEL计算结果引用到DANP方法中，计算指标权重，具体过程如下。

6.1.2.1 构建网络关系图

第一步：利用专家打分得到直接影响矩阵。

在此步骤中，首先利用专家打分的方法构建直接影响矩阵*M*。DEMATEL方法通常利用0、1、2、3、4等值对各要素之间的影响关系进行判别，0表示行元素对于列元素没有影响，1表示有很弱的影响，2表示弱影响，3表示有强影响，4表示有很强的影响，由此可以得到准则层和网络层的直接影响矩阵。例如，如果网络层中有n个要素，则得到矩阵$M=[m_{ij}]_{n \times n}$，m_{ij}表示第i行的要素对第j列要素的影响程度。

$$M=\begin{bmatrix} m_{11} & \cdots & m_{1j} & \cdots & m_{1n} \\ \vdots & & \vdots & & \vdots \\ m_{i1} & \cdots & m_{ij} & \cdots & m_{in} \\ \vdots & & \vdots & & \vdots \\ m_{n1} & \cdots & m_{nj} & \cdots & m_{nn} \end{bmatrix}$$

第二步：基于直接影响矩阵求出规范化矩阵。

在得到直接影响矩阵后，需要对其进行处理得到规范化矩阵。首先需要求出直接影响矩阵M中各行与各列元素的和，选取其中的最大值，将M中的每个元素均与该最大值的倒数相乘，即可得到规范化矩阵N，公式如式（6-1）、式（6-2）所示。

$$N=kM \qquad (6-1)$$

$$k=\min\left\{\frac{1}{\max_i \sum_{j=1}^n m_{ij}}, \frac{1}{\max_j \sum_{i=1}^n m_{ij}}\right\} \qquad (6-2)$$

第三步：利用规范化矩阵计算综合影响矩阵。

得到规范化矩阵后，下一步是求出综合影响矩阵。同样，这里有准则层和网络层两个综合影响矩阵，分别可以由各自的规范化矩阵根据式（6-3）计算得到，在此公式中，I为维度与规范化矩阵相同的单位矩阵。

$$X=N+N^2+N^3+\cdots=N(I-N)^{-1} \qquad (6-3)$$

第四步：根据矩阵X，可以得到准则层和网络层各个要素的影响度、被影响度和中心度。当取矩阵中的某一行元素x_{ij}（i相等）求和，则可以得到i元素的影响度d_i，即该元素对其他元素的影响程度。当取矩阵中的某一行元素x_{ij}（j相等）求和，则可以得到j元素的被影响度r_j，即该元素被其他要素影响的程度。将要素的影响度和被影响度相加，则可以得到该要素的中心度$c_i=d_i+r_i$，也就是要素的重要程度，中心度越高，该要素在指标系统中就越重要。当i元素的影响度大于被影响度时，即影响度减去被影响度d_i-r_i的差为正值，则说明该元素为原因要素，会对其他要素产生影响；而当影度小于被影响度时，两者的差d_i-r_i为负值，则说明该元素为结果要素，会受到其他要素的影响。

6.1.2.2 利用DANP方法确定影响因素权重

DANP方法的一大优势就是利用DEMATEL方法得到的综合影响矩阵，替代了ANP方法中大量的比价判断矩阵，因此在本部分中将利用DEMATEL方法得到的结果与ANP方法的思想结合，得到各个影响因素的权重。

第一步：基于DEMATEL方法，可以分别得到准则层的综合影响矩阵X_D和网络层的综合影响矩阵X_C。在第五步中，需要对两个综合影响矩阵进行标准化。对于综合影响矩阵X_D，其标准化方法如式（6-4）、式（6-5）所示，首先求出矩阵中各行元素的和，再用该行中的每个元素去除以元素和，从而得到标准化矩阵X_D^α。

$$X_D^\alpha = [x_D^{aij}]_{m\times m} = \begin{bmatrix} x_D^{11}/d_1 & \cdots & x_D^{1j}/d_1 & \cdots & x_D^{1m}/d_1 \\ \vdots & & \vdots & & \vdots \\ x_D^{i1}/d_i & \cdots & x_D^{ij}/d_i & \cdots & x_D^{im}/d_i \\ \vdots & & \vdots & & \vdots \\ x_D^{m1}/d_m & \cdots & x_D^{mj}/d_m & \cdots & x_D^{mm}/d_m \end{bmatrix} \quad (6-4)$$

$$d_i = \sum_{j=1}^{m} t_D^{ij}, \ i=1,2,\cdots,m \quad (6-5)$$

对网络层综合影响矩阵X_C进行标准化的方法与准则层略有不同。在进行矩阵X_C的标准化时，并不是对整个矩阵进行标准化，而是对矩阵中的各个子矩阵进行逐一标准化，最终得到网络层标准化矩阵X_C^α。在本文中，将利用子矩阵$X_C^{\alpha 23}$来说明标准化过程，如式（6-6）~式（6-8）所示。

$$X_C^\alpha = \begin{bmatrix} X_C^{\alpha 11} & \cdots & X_C^{\alpha 1j} & \cdots & X_C^{\alpha 1m} \\ \vdots & & \vdots & & \vdots \\ X_C^{ai1} & \cdots & X_C^{aij} & \cdots & X_C^{aim} \\ \vdots & & \vdots & & \vdots \\ X_C^{am1} & \cdots & X_C^{amj} & \cdots & X_C^{amm} \end{bmatrix} \quad (6-6)$$

$$X_C^{a23}= \begin{matrix} & C_{31} & \cdots & C_{3j} & \cdots & C_{3m_3} \\ C_{21} \\ \vdots \\ C_{2i} \\ \vdots \\ C_{2m_2} \end{matrix} \begin{bmatrix} x_{11}^{23}/x_1^{23} & \cdots & x_{1j}^{23}/x_1^{23} & \cdots & x_{1m_3}^{23}/x_1^{23} \\ \vdots & & \vdots & & \vdots \\ x_{i1}^{23}/x_i^{23} & \cdots & x_{ij}^{23}/x_i^{23} & \cdots & x_{im_3}^{23}/x_i^{23} \\ \vdots & & \vdots & & \vdots \\ x_{m_21}^{23}/x_{m_2}^{23} & \cdots & x_{m_2j}^{23}/x_{m_2}^{23} & \cdots & x_{m_2m_3}^{23}/x_{m_2}^{23} \end{bmatrix} \quad (6-7)$$

$$x_i^{23} = \sum_{j=1}^{m_3} x_{ij}^{23} \quad (6-8)$$

第二步：把在第五步中得到的网络层标准化矩阵 X_C^a 做转置运算，得到新的 $n \times n$ 矩阵即为DANP方法中的未加权超矩阵 W^*，计算公式见式（6-9）。

$$W^* = (X_C^a)' \quad (6-9)$$

第三步：在本步骤中，需要将得到的准则层标准化矩阵 X_C^a 中的各个元素与未加权超矩阵的对应子矩阵相乘，从而实现对各个子矩阵加权，并最终得到加权超矩阵 W^a，计算过程如式（6-10）所示。

$$W^a = X_D^a W^* = \begin{bmatrix} x_D^{a11} \times W_{11}^* & \cdots & x_D^{a1i} \times W_{i1}^* & \cdots & x_D^{a1n} \times W_{n1}^* \\ \vdots & & \vdots & & \vdots \\ x_D^{aj1} \times W_{1j}^* & \cdots & x_D^{aji} \times W_{ij}^* & \cdots & x_D^{ajn} \times W_{nj}^* \\ \vdots & & \vdots & & \vdots \\ x_D^{an1} \times W_{1n}^* & \cdots & x_D^{ani} \times W_{in}^* & \cdots & x_D^{ann} \times W_{nn}^* \end{bmatrix} \quad (6-10)$$

第四步：在得到的加权超矩阵 W^a 的基础上，通过对矩阵 W^a 做乘方运算，如式（6-11）所示，当乘方的次数趋近无穷时，即可得到结果收敛稳定的极限超矩阵 W，矩阵中各个要素对应的值即为该要素的权重。

$$W = \lim_{h \to \infty}(W^a)^h \quad (6-11)$$

6.1.3 修正后的NK模型

基于对NK模型和DANP方法的研究，本研究提出了利用DANP修正NK模型以改善其缺点，使其更加符合现实情况，修正过程如图6-1所示。

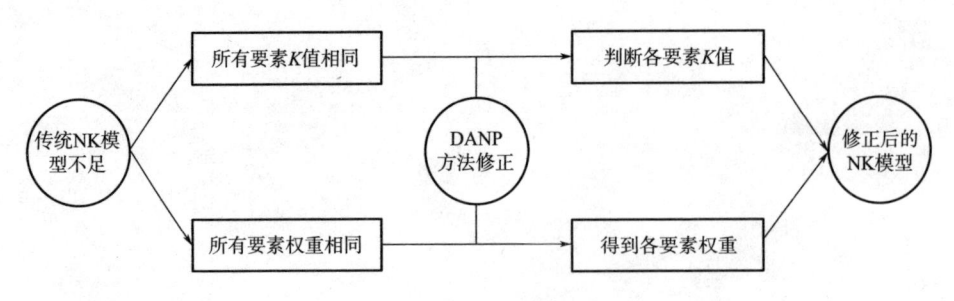

图6-1 DANP方法修正NK模型过程

具体步骤包括：

（1）利用DANP中的DEMATEL方法确定各个要素的被影响程度；

（2）设定一个统一的阈值，将要素的被影响程度与该阈值进行比较，若要素的被影响程度大于或等于该阈值，则认为该要素受到另一个要素的影响，反之则认为该要素不会受到另一个要素的影响，从而确定各个要素不同的K值；

（3）利用DANP方法求出各个要素的权重；

（4）将要素的权重带入NK模型中求解系统适应度值的公式，即计算系统适应度值的公式由式（6-12）变为式（6-13）：

$$F=\frac{1}{N}\sum_{i=1}^{N}f_i, \quad i=1,2,\cdots,N \quad (6-12)$$

$$F=\sum_{i=1}^{N}w_if_i \quad (6-13)$$

通过以上步骤可以看出，利用DANP修正NK模型后，不仅能够反映出各个要素受到不同数量要素的影响，还能够将各要素的权重加入计算的过程，从而使模型更加契合现实情况。

6.2 服务创新路径实证研究

在第二章，本研究构建了服务生态系统中的服务创新模型，共包括5个相互影响和作用的服务创新要素：A2A网络、价值主张、资源整合、制度化过程以及IT能力。在本部分的研究中，将基于这5个服务创新要素，对中国情境中企业服务创新路径进行探索。

6.2.1 数据收集

本部分研究采用调查问卷的方法，通过专家打分获取相关数据。问卷的要素共包括5项：A2A网络（v_1）、价值主张（v_2）、资源整合（v_3）、制度化过程（v_4）和IT能力（v_5）。问卷中构建了关于这5个要素的判断比较矩阵，用于评估行元素对列元素的影响，用0~4的分值分别代表了无、非常弱、弱、强、很强的影响程度。

由于研究范围仅限于中国情境下的服务企业，因此笔者主要向20位中国国内的专家发放了调查问卷（包括10位专注于服务创新研究的专家学者和10位在服务创新领域具有丰富经验的企业高级管理人员）。同时，为了保证数据的可靠性，在发放问卷的同时，都与被调研者进行了认真沟通，详细地解释了问卷中各个要素的含义，以及填写问卷的方法。通过现场以及电话调研，共获取了20份问卷。这些数据将为后续的研究提供分析基础。由于篇幅的限制，在此只列出一份调查问卷，见表6-2。

表6-2 服务创新要素专家打分表

项目	v_1	v_2	v_3	v_4	v_5
v_1	0	2	3	3	2
v_2	3	0	4	1	2
v_3	1	3	0	2	3
v_4	2	2	3	0	2
v_5	2	2	3	3	0

6.2.2 判断各要素影响关系

首先，利用DEMATEL方法获取综合影响矩阵。通过将20份专家打分数据取算数平均值的方法，可以得到直接影响矩阵。利用式（6-1）、式（6-2）对直接影响矩阵进行计算，即可得到规范化矩阵，见表6-3。需要说明的是，本部分研究内容只包含一个由5个服务创新要素构成的层级，因此只得到一个规范化矩阵。

表6-3 规范化矩阵

项目	v_1	v_2	v_3	v_4	v_5
v_1	0	0.1538	0.2308	0.2308	0.2308
v_2	0.2308	0	0.3077	0.1538	0.1538
v_3	0.0769	0.2308	0	0.1538	0.2308
v_4	0.2308	0.1538	0.2308	0	0.0769
v_5	0.1538	0.2308	0.2308	0.2308	0

根据得到的规范化矩阵，利用式（6-3）可以进一步计算出服务创新要素的综合影响矩阵，见表6-4。

表6-4 综合影响矩阵

项目	v_1	v_2	v_3	v_4	v_5
v_1	0.5424	0.7487	0.9412	0.7888	0.7490
v_2	0.7265	0.6162	0.9959	0.7316	0.7024
v_3	0.5422	0.7156	0.6468	0.6420	0.6646
v_4	0.6451	0.6483	0.8231	0.5031	0.5542
v_5	0.6789	0.8029	0.9446	0.7852	0.5586

6.2.3 计算各要素权重

本部分将基于DEMATEL方法得到的综合影响矩阵，利用DANP方法计算得到各服务创新要素的权重。由于只有一个层级，因此在计算标准化矩阵的时候，省略了将准则层矩阵与网络层子矩阵对应相乘的步骤。

利用式（6-4）、式（6-5）对得到的综合影响矩阵进行标准化，得到的标准化矩阵见表6-5。

表6-5 标准化矩阵

项目	v_1	v_2	v_3	v_4	v_5
v_1	0.1782	0.1930	0.2161	0.2106	0.2022
v_2	0.2038	0.1840	0.2248	0.2023	0.1850
v_3	0.1827	0.2081	0.2008	0.2037	0.2047
v_4	0.2024	0.2077	0.2049	0.1838	0.2011
v_5	0.1954	0.2036	0.2282	0.1918	0.1810

利用式（6-9）对标准化矩阵进行转置，得到超矩阵。再利用式（6-11），求出极限超矩阵，见表6-6。

表6-6 极限超矩阵

项目	v_1	v_2	v_3	v_4	v_5
v_1	0.1779	0.1779	0.1779	0.1779	0.1779
v_2	0.2011	0.2011	0.2011	0.2011	0.2011
v_3	0.2429	0.2429	0.2429	0.2429	0.2429
v_4	0.1939	0.1939	0.1939	0.1939	0.1939
v_5	0.1842	0.1842	0.1842	0.1842	0.1842

从表6-6中可以得到各要素的指标权重以及排名如下：资源整合（0.2429），价值主张（0.2011），制度化过程（0.1939），IT能力（0.1842），A2A网络（0.1779）。从这些结果可以看出，资源整合是在服务生态系统开展服务创新最为关键的因素，正如Arthur（2009）所指出的那样，包括服务创新在内的一切创新都是资源整合的结果。当然，由这些要素的权重可以看出，不同指标间权重差距并不大，因此也说明每个要素都在服务创新中扮演着不可或缺的重要角色。

6.2.4 NK模型修正

以上利用DANP方法得到了服务生态系统中服务创新要素的相互影响关系和各自的权重，在本部分的研究中，将利用这些结果对NK模型进行修正。

首先，需要确定NK模型中各要素的影响关系，即得到参数K的值。因为利用DEMATEL方法得到的综合影响矩阵反映了每个服务创新要素受到其他要素影响的程度，因此在本研究中利用综合影响矩阵获取每个要素的K值。

因为表6-4中综合影响矩阵的各个元素反映的是行元素对列元素的影响程度，而K值反映的是行元素受到列元素的影响程度，所以首选对综合影响矩阵进行转置，见表6-7。

表6-7 综合影响矩阵转置矩阵

项目	v_1	v_2	v_3	v_4	v_5
v_1	0.5424	0.7265	0.5422	0.6451	0.6789
v_2	0.7487	0.6162	0.7156	0.6483	0.8029
v_3	0.9412	0.9959	0.6468	0.8231	0.9446
v_4	0.7888	0.7316	0.6420	0.5031	0.7852
v_5	0.7490	0.7024	0.6646	0.5542	0.5586

接下来要设定阈值以确定各要素的影响关系。关于阈值尚未有一个统一的标准，有的研究中使用所有要素影响度的平均值作为阈值，而有的研究则是通过专家讨论得到相应的阈值。在本研究中，通过专家讨论，把0.6作为阈值，并将表6-7中的矩阵变化为邻接矩阵A（表6-8）。

表6-8 服务创新要素的邻接矩阵

项目	v_1	v_2	v_3	v_4	v_5
v_1	0	1	0	1	1
v_2	1	0	1	1	1

续表

项目	v_1	v_2	v_3	v_4	v_5
v_3	1	1	1	1	1
v_4	1	1	1	0	1
v_5	1	1	1	0	0

当矩阵中的元素即影响程度大于0.6时，则取值为1，反之则取值为0，如式（6-14）所示。

$$e_{ij}=\begin{cases}1 & v'_{ij}\geq\lambda \\ 0 & v'_{ij}<\lambda\end{cases} \quad i,j\in\{1,2,\cdots,N\} \quad (6-14)$$

由此可以得到修正后的NK模型中反映各要素影响关系的影响矩阵E，见表6-9所示。

表6-9 修正后NK模型的影响矩阵

项目	v_1	v_2	v_3	v_4	v_5
v_1	1	1	0	1	1
v_2	1	1	1	1	1
v_3	1	1	1	1	1
v_4	1	1	1	1	1
v_5	1	1	1	0	1

可以看出，利用DEMATEL方法修正NK模型后，各要素不再是相同的K值，各个要素的K值分别为3、4、4、4、3。更具体地来讲，就是资源整合v_3的创新不会对A2A网络v_1造成太大的影响，同时制度化过程v_4的变化也不会对IT能力v_5造成明显的影响。

接下来，将对NK模型中计算系统适应度值的方法进行修正。服务创新要素的适应度分别为A2A网络f_1、价值主张f_2、资源整合f_3、制度化过程f_4、IT能力f_5。如果按照传统NK模型的计算方法，服务生态系统的总适应度F的计算公式如式（6-15）所示，系统的整体适应度应为5个服务创新要素各自适应度的和取算数平均值。

$$F=\frac{1}{5}\sum_{i=1}^{5}f_i, \quad i=1,2,\cdots,5 \qquad (6-15)$$

式（6-13）默认5个服务创新要素具有相同的重要程度，然而从DANP方法的计算结果可以看出，各个要素的权重并不相同。如果能够将早期路径限制到相对重要的元素中去，可以使得在运用NK模型搜索时，以更少的时间获得更好的适应度值，也就是在现实中取得更好的绩效。因此，本研究将5个服务创新要素的权重，即A2A网络（0.1779）、价值主张（0.2011）、资源整合（0.2429）、制度化过程（0.1939）以及IT能力（0.1842），引入NK模型，并得到新的适应度计算式（6-16）。

$$F=\sum_{i=1}^{N}w_if_i=(0.1779f_1+0.2011f_2+0.2429f_3+0.1939f_4+0.1842f_5) \qquad (6-16)$$

6.2.5 MATLAB仿真

在得到修正后的NK模型后，下一步的主要工作就是利用仿真来模拟服务创新要素变化和相互作用对服务生态系统整体适应度的影响，找到适应度地形中最大的适应度值，即"全局最优点"。通过这一搜索过程展现出的攀爬路径，可以发现服务生态系统中服务创新要素的状态如何发生变化，从而获取服务创新路径。

对NK模型进行仿真的方法有很多种，例如C语言、Java、R语言等，在本研究中，主要利用MATLAB进行编码仿真。MATLAB（matrix laboratory，矩阵实验室）是由一家美国公司生产的数学软件，最初的开发目的是用于矩阵运算和绘制函数，经过长期的发展，MATLAB发展出多个函数包，可以调用多种语言，目前已经在算法开发、数据分析及可视化、系统分析与设计等多个领域得到广泛应用，软件版本也不断更新。本研究采用MATLAB R2015b的版本，利用MATLAB编码模拟NK模型中服务创新要素状态的变化过程，并分配随机值作为各个服务创新要素的适应度，并利用式（6-16）计算系统的整体适应度值，具体代码可见附录3。

在本研究的NK模型中，共有5个服务创新要素。如前文所提到的那样，要素状态的数量对于系统的适应度值没有明显的影响，因此在本研究中将5个服务创新要素的状态设置为0和1两种状态，所以整个系统共存在2^5种即32种状态，包括{0,0,0,0,0}、{1,0,0,0,0}…{1,1,1,1,0}、{1,1,1,1,1}等。考虑到服务生态系统中服务创新的复杂性，在不失一般性的前提下，本研究设定的状态为每次只有一个服务创新要素的状态发生变化。

由以上对NK模型的介绍可以看出，对服务创新最佳路径的搜索过程实际上就是服务创新要素状态的演化过程。一旦确定了所有服务创新要素的状态，就能够得到对应的适应度值。通过不断改变服务创新要素的状态，可以使得系统不断地搜索更好地适应度值，这就是在景观地图上的攀爬过程。当其中一个要素的状态发生变化时，该要素以及受其影响的其他要素就会被随机赋予一个新的数值，系统的适应度值也会发生相应的变化。当系统的适应度值大于状态变化前的适应度值时，这个变化就认为是有效的，此次要素状态的变化可以保留；反之，如果新的适应度值小于系统原有的值，则放弃这次状态变化的过程。

为了保证仿真结果的可靠性和稳定性，本研究共进行了100000次仿真❶，系统的初始状态为{0,0,0,0,0}，每次改变一个要素的状态，直至所有要素状态均变为1，此时，整个系统的状态变为{1,1,1,1,1}。首先考虑5个服务创新要素中的一个要素状态由"0"变为"1"，即系统的状态变为{1,0,0,0,0}、{0,1,0,0,0}、{0,0,1,0,0}、{0,0,0,1,0}、{0,0,0,0,1}其中的一种。通过对仿真结果的统计分析可以发现，在所有这5种状态中，选择IT能力作为第一个状态变化要素的结果占到了所有结果中的28.6%，远远高于其他几种结果，因此可以看出应把IT能力的提升作为服务生态系统中服务创新的第一步。

在状态{0,0,0,0,1}的基础上，继续改变其他某一种服务创新要素的状态，可能的状态包括{1,0,0,0,1}、{0,1,0,0,1}、{0,0,1,0,1}、{0,0,0,1,1}。同样通过仿真的统计结果可以

---

❶ 大量的实验结果表明，当仿真的次数达到50000次以上时，可以得到相对稳定和可靠的结果。

发现，在以上四种状态中，{0,1,0,0,1}状态保留的次数最多，占到了总数的33.5%，对应的是价值主张这一服务创新要素状态的变化，即在提升IT能力后，应把创新价值主张作为服务创新路径中的第二个步骤。重复以上的方法，本研究依次得到后续的步骤为资源整合、A2A网络以及制度化过程。表6-10列出了系统适应度值随服务创新要素状态变化逐渐升高的例子。

表6-10 不同状态中系统适应度值变化表

a_1	a_2	a_3	a_4	a_5	f_1	f_2	f_3	f_4	f_5	F	
0	0	0	0	0	0.5470	0.4456	0.3652	0.1602	0.6868	0.4332	(a)
1	0	0	0	0	0.3111	0.4740	0.5937	0.0250	0.9049	0.4664	
0	1	0	0	0	0.6443	0.3231	0.4005	0.6414	0.3507	0.4658	
0	0	1	0	0	0.5470	0.2000	0.7061	0.4373	0.4468	0.4761	
0	0	0	1	0	0.9294	0.6779	0.1842	0.3588	0.6868	0.5425	
0	0	0	0	1	0.1835	0.4843	0.4915	0.7805	0.7811	0.5446	(b)
1	1	0	0	0	0.0855	0.7994	0.2505	0.0686	0.9289	0.4212	
1	0	1	0	0	0.3111	0.3233	0.0200	0.6654	0.2217	0.2951	
1	0	0	1	0	0.5949	0.5642	0.6180	0.1101	0.9049	0.5574	
1	0	0	0	1	0.9797	0.3507	0.9436	0.0174	0.4087	0.5527	
0	1	1	0	0	0.6443	0.3112	0.7428	0.9905	0.2443	0.5947	
0	1	0	1	0	0.2077	0.5572	0.9787	0.0334	0.3507	0.4578	
0	1	0	0	1	0.9390	0.7481	0.5279	0.5187	0.5870	0.6544	(c)
0	0	1	1	0	0.9294	0.3016	0.1037	0.9001	0.4468	0.5080	
0	0	1	0	1	0.1835	0.6004	0.9066	0.7808	0.7948	0.6714	
0	0	0	1	1	0.3063	0.1044	0.4429	0.1404	0.7811	0.3542	
1	1	1	0	0	0.0855	0.9304	0.4007	0.6421	0.4889	0.5142	
1	1	0	1	0	0.9631	0.5174	0.3685	0.3192	0.9289	0.5979	
1	1	0	0	1	0.7303	0.7929	0.6798	0.7318	0.4588	0.6809	
1	0	1	1	0	0.5949	0.1357	0.4255	0.8709	0.2217	0.4462	
1	0	1	0	1	0.9797	0.4639	0.4207	0.5267	0.5079	0.5654	
1	0	0	1	1	0.1174	0.3329	0.7786	0.1728	0.4087	0.3857	
0	1	1	1	0	0.2077	0.4835	0.0544	0.4124	0.2443	0.2724	

续表

a_1	a_2	a_3	a_4	a_5	f_1	f_2	f_3	f_4	f_5	F	
0	1	1	0	1	0.9390	0.5316	0.7854	0.7945	0.4357	0.6990	(d)
0	1	0	1	1	0.1948	0.4911	0.3381	0.4199	0.5870	0.4051	
0	0	1	1	1	0.3063	0.4578	0.3893	0.5825	0.7948	0.5005	
1	1	1	1	0	0.9631	0.5042	0.6354	0.9111	0.4889	0.6938	
1	1	1	0	1	0.7303	0.7503	0.4328	0.9481	0.9880	0.7518	(e)
1	1	0	1	1	0.6241	0.3212	0.3320	0.5568	0.4588	0.4487	
1	0	1	1	1	0.1174	0.4522	0.5325	0.7654	0.5079	0.4831	
0	1	1	1	1	0.1948	0.5575	0.4553	0.0567	0.4357	0.3486	
1	1	1	1	1	0.6241	0.8298	0.7700	0.8749	0.9880	0.8166	(f)

依据上述分析结果，利用MATLAB可以绘制出服务生态系统中服务创新路径图，如图6-2所示。在图中，攀爬路径由a点经过b、c、d、e点，直到全局最优点f，各点对应的各个服务创新要素状态的组合分别为$\{0,0,0,0,0\}$、$\{0,0,0,0,1\}$、$\{0,1,0,0,1\}$、$\{0,1,1,0,1\}$、$\{1,1,1,0,1\}$、$\{1,1,1,1,1\}$，由此得到的服务生态系统中的服务创新路径为"提升IT能力、创新价值主张、促进资源整合、扩大A2A网络、加速制度化过程"。

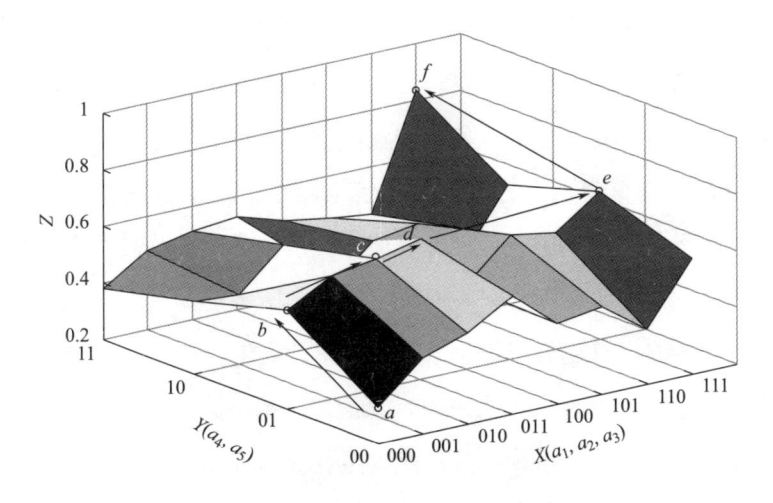

图6-2 服务生态系统中的服务创新路径

6.3 结果讨论

通过利用MATLAB编码仿真服务创新的NK模型，本研究获得了服务生态系统中服务创新的最佳路径，提出了服务生态系统中服务创新要素的执行顺序，下面将对得到的研究结论进行分析。

6.3.1 提升IT能力

从仿真和统计结果可以看出，企业首先应该关注并提升IT能力这一服务创新要素。在服务生态系统中，IT能力已经成为服务创新的一个基本要素，与其他要素一起共同推动着服务创新的发展。特别是在当前技术飞速发展的数字经济时代，IT已经成为企业的一种基础设施。众多的企业需要利用IT能力构建平台和网络，管理用户、供应商、研究机构等众多的行动者，在他们之间建立起广泛的联系，让不同的行动者能够随时随地方便地沟通交流，形成以企业为核心的A2A网络。

而且，资源整合也离不开IT的作用。IT在资源整合的资源获取、资源利用和资源配置等各个环节都扮演着重要角色。当前5G、物联网、IPV6等技术的快速发展，使得数据资源空前丰富，为企业提供了充足的数据来源。移动互联网、大数据等技术的快速发展，使得企业能够快速获取海量的数据，并将顾客需求、市场趋势等信息从其物理载体中解耦出来，用于企业服务创新。云计算、人工智能等技术则增强企业的计算能力，使企业能够及时发现资源缺口，高效地配置和利用资源，提升服务创新的效率。

更为重要的是，IT能力促进了新价值主张的诞生。在当前的技术环境和商业背景中，IT是重要的价值主张来源。无论是层出不穷的诸如Uber、Airbnb、滴滴、共享单车等共享经济模型，还是日益普及的移动支付、网络购物，以及正在转型的传统企业，它们很多新的价值主张都来源于IT能力的使用。例如，

IBM最新提出的有"智"者事竟成的价值主张，正是将云计算、人工智能、区块链等技术应用于不同行业的服务创新。

此外，IT还能加速服务创新的制度化过程。服务创新的制度化包括现有制度的维护和新制度的形成，IT在这其中能够发挥重要作用。例如，共享单车企业Mobike使用物联网技术实现自行车定位功能，以防止自行车丢失；同时通过IT系统判断用户行为，并通过与国家信用中心的合作，建立用户的信用体系，促进新制度的形成。

6.3.2 创新价值主张

服务创新的第二步是创新价值主张。作为最重要的组织原则，价值主张是服务创新战略的起点。正如前文所提到的那样，在服务创新过程中，"企业不能提供价值，而只能提供价值主张"。因此，企业需要提供价值主张，以在服务创新过程中实现价值共创。

具体而言，价值主张提出了相互承诺，以便在行动者之间建立持久、深入和广泛的联系，从而加速A2A网络的形成。在A2A网络中，除了企业之外，行动者还包括客户、供应商、科研机构、政府，甚至竞争对手。所以，企业必须考虑不同行动者的独特需求，制定能够引起"共鸣"的价值主张。通过价值主张的互利性质，可以让不同的行动者客户参与到价值创造活动，让他们从认知、社会、享乐或情感等不同角度获益。而这种认知利益与信息获取，能够加强行动者对服务创新的理解，确保创新过程的效率和结果的有效性，增强对他们所需要服务的感知控制。社会综合效益可以加强不同行动者之间的联系，而个人综合效益则可增强行动者自身的可信度、地位和信心。因此，通过创新价值主张，能够吸引更多的行动者参与到A2A网络中来，对行动者的态度和行为产生积极的影响。

价值主张还能够协调和激励服务系统实体的资源访问。通过描述服务创新的潜在好处，价值主张可以是对行动者的邀请。如果行动者被价值主张所吸引，他们将提供宝贵的资源来填补资源缺口以响应邀请。对于企业内部的行动者，一个致力于分配资源以满足客户目标的价值主张可以在员工中形成共同的目标，并将其有效地传播到各个职能部门，让整个组织都专注于实施价值主张。例如，价值主张可以激励员工更有效地部署现有的物理资源，获取新的资源，以更好地实现客户价值承诺。对于外部的行动者，通过价值主张可以增强行动者对企业的满意度、心理依从性和对企业的行为承诺，加强了行动者的参与度，进而影响组织的物理资源配置和使用。因此，价值主张塑造了整个服务生态系统的资源整合，增强了公司的竞争优势，是提升服务创新绩效的重要原因。

6.3.3 提高资源整合能力

提高资源整合能力是服务创新的第三步。在服务生态系统视角中，服务创新可以被视为由资源整合驱动的迭代过程，服务创新中的价值共创是由持续整合资源来驱动和维持的。参与服务创新的所有行动者都是资源整合者，他们都扮演着同样的角色，即通过提供资源和服务交换参与服务创新的过程中去。

资源整合方式并不一定以线性方式发生。事实上，服务受益人通常需要重新分配和组合资源，因为他们并不能孤立地使用自身资源，而是要与周围的资源结合，并考虑通过资源整合能够获取的好处。以这种方式，价值共同创造发生在企业对资源的分解和重新组合的过程，它使服务受益人能够与其他资源提供者紧密联系。这种资源的自我分解和融合，增强了客户的合作经验，加强了企业和客户之间的关系，从而增加了A2A网络的强度和规模。

服务生态系统观点认为资源整合过程嵌套在相应的社会背景中，并受到社会制度和个人能力的指导和制约。与此同时，由人员、组织和资源组成的服务系统中发生的资源整合实践，也可以推动价值共创过程的发展和服务系统的形成，因为这些为实现资源整合而建立的解决方案和规则规范构成了制度的一部分。也就是说，随着资源整合方式被行动者广泛接受，相应的制度也逐渐形成。

资源整合不仅会受到IT能力和价值主张的影响，同时也会影响这两个要素。IT的迅速发展使得一个企业很难掌握所有需要的技术。服务主导逻辑将技术作为操作性资源，并认为操作性在服务创新中起到决定性作用。因此通过与供应商、科研院所、顾客等的合作，整合相关的资源能够帮助企业获取需要的技术，提升IT能力。而且，资源整合不仅仅是资源的累加，更能够利用资源的组合生产出具有新特性的高级资源。价值主张就来源于行动者所拥有资源的价值潜力，因此当新的高级资源出现后，行动者也会相应提出新的价值主张。

6.3.4 扩大A2A网络

服务创新的下一个实践步骤是扩大A2A网络。在服务生态系统中使用A2A的优点在于它使研究人员和管理人员能够消除关于"生产者"和"消费者""创新者"和"采纳者"之间的错误分歧，将所有预先设置的角色转化为通用的行动者，扩大了服务创新的范围。

服务创新过程总是由多个行为者之间的行动和相互作用驱动，他们不断努力为自己和他人创造新的价值形式（即创新）。A2A网络将价值共同创造嵌入丰富的多代理系统中，资源整合则被推广到行动者到行动者的互动，通过连接行动者的资源实现互利。随着社会网络的日益复杂，企业可能需要和很多非传统领域的供应商以及那些非"显而易见"的行动者合作。通过A2A网络，可以实现知识和其他资源的转移，促进资源更新和资源整合的发生。随着网络规模的不断扩大，这些相互作用不仅仅在企业和顾客之间发生，而且在多个角色和联系人之间的关系网络发生。因此，A2A网络的不断扩大增加了资源的数量和质量，不同类型的资源可以实现互补性，而相同类型的资源则可以实现资源的累加和冗余。在所有这些情况下，A2A网络中的互动可以实现资源、流程和创新之间更好的匹配。

A2A网络并不是简单的接口或联系，它应被理解为服务交互。这种交互的过程使一个行动者进入其他行动者的价值创造过程，支持他们并从中受益。以这种方式，行动者参与制度的形成过程，构建社会规范，并建立现实中的关系网络。互动过程中，不同的行动者逐渐形成共同制度逻辑和心理框架，从而推动了行为者的服务交换和价值共创,进而将行动者共同的主观意愿转化为产品,促进服务创新的发展。因此,A2A网络可以通过互动,将包括受益人在内的服务生态系统中的个体连接成具有共同目标的关系网络,使他们成为服务创新中有效的行为者,加速服务创新制度形成的过程。

6.3.5 加速制度化过程

最后,中国的企业应该加速服务创新的制度化过程。提升IT能力、创新价值主张和改变资源整合规则可以产生新的服务,但新服务和成功的服务创新之间仍然存在着距离。服务创新不一定会导致市场的成功,许多价值主张从来没有导致整合实践的变化,更不用说推动新市场的形成。事实上,以前的研究表明,40%~90%的新产品不能被客户接受。当行动者(如企业)或行动者团体(如创新网络)引入新的想法或产品,而不是新的做法(即解决方案)变得制度化时,市场创新不会自动发生,服务创新也并不会成功。

因此,成功的服务创新需要资源整合和服务交换的新方式成为所有参与者可以遵循的制度基础。通过打破旧的和不合时宜的制度,建立和维护新的和更适合的制度,行动者可以逐步了解新的服务和规则,进一步参与制度化过程。所有这些行动都增加了相对稳定的市场开发和新服务将转变为成功服务创新的机会。例如,特斯拉可以将技术创新(新价值主张)转变为可行的市场的唯一方法是客户采用新的做法——例如,为汽车充电而不是去加油站。通过这种方式,即通过改变规范和做法来实现新的解决方案(例如交通工具的类型)的制度化。

通过将技术进步、A2A网络发展嵌入到服务生态系统的制度变化中,揭示服务创新过程中市场的形成和改革。根据这种观点,服务创新涉及技术和市场的创新,需要持续和系统地维护、改变和破坏制度,从而实现和约束创新网络中行动者的参与活动。而且,这些制度间的冲突还是要求制度和规则不断发展,推动服务创新的迭代发展。因此,制度嵌套和松散耦合的性质,推动了新价值主张的持续出现,并不断推动新解决方案的制度化。

6.4 本章小结

本章首先对NK模型和DANP方法进行了简要介绍，提出传统NK模型存在的不足以及对其修正的过程。然后，基于调查问卷获取的专家打分，采用DANP方法得到各服务创新要素不同的影响系数和指标权重，修正NK模型中邻接矩阵和适应度计算公式。利用MATLAB编码模型修正后的NK模型，并进行了100000次仿真。通过统计分析仿真得到的结果，得出了服务生态系统中的服务创新路径："提升IT能力、创新价值主张、促进资源整合、扩大A2A网络、加速制度化过程"，并对研究结论进行了解释和讨论。本研究一方面通过将DANP方法应用于NK模型，修正了传统NK模型存在的缺陷，实现了方法上的创新，另一方面探索了服务生态系统中的服务创新路径，为中国服务企业开展服务创新实践、提升服务创新效果提供了理论支撑。

第7章 结论与研究展望

本研究基于企业实际需求和服务创新理论发展趋势,从服务生态系统视角出发,采用单案例研究方法,提出服务生态系统中的服务创新要素,并构建服务创新模型。在此基础上,选取研究相对较少的顾客价值主张这一服务创新要素,通过引入顾客参与作为中介变量,分析了顾客价值主张对于服务创新绩效的正向影响和作用机理,从顾客角度对价值主张、资源整合与服务创新绩效的关系进行了实证研究。最后,引入 DANP方法识别服务创新要素的相互影响关系和权重,利用该结果修正传统NK模型不足,并运用MATLAB编码仿真服务创新要素状态变化对于服务生态系统的影响,得到复杂环境中的服务创新路径。

本章将根据以上主要研究内容,总结相关的研究结论,回答本文提出的三个核心研究问题:①服务生态系统中服务创新要素有哪些,它们构成了怎样的服务创新体系结构;②服务生态系统中,服务创新要素究竟如何影响服务创新绩效;③当前复杂的经济环境中企业该选择什么样的服务创新实施路径。

7.1 主要结论

(1)在服务生态系统中,服务创新要素包括A2A网络、价值主张、资源整合、制度化过程和IT能力,它们相互影响,构成协同作用的整体,推动服务生态系统中的服务创新发展。

服务生态系统中，服务创新要素并不是相互独立的，而是相互影响、相互制约和相互促进的。各要素在服务创新的动态过程中扮演着不同角色，发挥出各自的重要作用，共同推动服务生态系统中服务创新的迭代更新和持续发展。A2A网络包括三个层面：由企业员工、顾客等个人行动者组成的微观层面，企业及其供应商、合作机构、科研院所以及竞争对手等形成的中观层面，由政府部门、国家机构和行业组织等构成的宏观层面。不同层面的行动者通过互动，彼此连接、相互嵌套，建立关系网络，构成了服务创新的基础。价值主张通过确定服务创新目标、提出互惠承诺，吸引不同层面行动者的广泛参与，促进服务生态系统中行动者的交流互动，塑造整个系统的资源整合方式，从而成为服务创新的动力。资源整合包括同质性资源整合和异质性资源整合，其中同质性资源整合通过累加方式帮助企业不断扩大规模，而异质性资源整合则基于"突变"性质产生了新的服务属性，是服务创新的核心过程。制度化过程通过维持现有制度，提供资源生成的环境，保障服务交换和创新过程顺利进行，又通过新制度的建立，让新的资源整合方式成为规范，促进市场的形成，最终实现服务创新。IT能力则在服务创新中扮演着双重角色，一方面能够扩大A2A网络、提升资源整合效率、加速制度化过程，提升服务创新绩效，成为服务创新的催化剂，另一方面也越来越多地直接参与到新服务属性的突变过程中，成为服务创新的触发器。

（2）顾客价值主张这一服务创新要素能够对企业服务创新绩效产生积极的正向影响，而顾客参与则在两者之间发挥完全中介作用。

为解释顾客价值主张对于服务创新绩效的作用机理，本文引入了顾客参与作为中介变量。实证研究结果表明，经济型、功能型、情感型和社会型四种类型顾客价值主张都能够对服务创新绩效产生积极的正向影响。对于当前中国的ICT企业来说，功能型顾客价值主张占据着更为重要的地位，在进行新服务开发时，首先要满足用户的功能性需求。结果还显示，顾客价值主张对于顾客参与的两个维度——信息提供和共同生产也起到积极的正向影响，而信息提供和共同生产在顾客价值主张与服务创新绩效之间起到完全中介作用，顾客价值主张需要通过顾客参与对服务创新绩效起作用。所以，企业在进行服务创新时，应提出具有吸引力的价值主张，激励顾客主动为企业提供自身的宝贵信息，贡献自己的知识、技能等，通过资源整合参与到新服务的设计、开发和传递过程中来，提升企业服务创新绩效。

（3）企业应该遵循"提升IT能力、创新价值主张、促进资源整合、扩大A2A网络、加速制度化过程"的路径，在服务生态系统环境中开展服务创新实践。

本文研究发现，在服务生态系统的服务创新要素中，价值主张、资源整合、制度化过程彼此相互影响，也受到A2A网络和IT能力的影响，而A2A网络不会受到资源整合的明显影响，IT能力受到制度化过程的影响较小。同时研究还确定了各个服务创新要素的权重及排序，由高到低分别为：资源整合、价值主张、制度化过程、IT能力和A2A网络。基于以上结果，对仿真数据进行统计分析，得出当前中国情境下服务生态系统中的服务创新路径："提升IT能力、创新价值主张、促进资源整合、扩大A2A网络、加速制度化过程。"该路径的提出确定了复杂系统中服务创新的执行顺序和步骤，有助于企业确定发展重点，高效利用有限的资源，优先发展更为关键的服务创新要素，提升服务创新绩效。研究结论为中国企业开展服务创新活动提供了实践指导和理论支撑。

7.2　研究不足与未来展望

虽然本文运用多种研究方法对服务生态系统中的服务创新进行了研究，也取得了一些有意义的研究结论，但仍存在一些不够完善以及可以深入研究的地方，主要包括以下几点。

（1）本文采用单案例研究方法得到服务生态系统中的服务创新模型，虽然在案例分析过程中，选择了具有典型性和启发性的案例，注意了数据证据的相互验证，也进行了较为规范的讨论分析过程，但单案例研究通常会被质疑结论普适性的问题。因此，在后续研究中，将利用多案例研究方法，选择不同行业的多个案例，进行案例间的比较和复制，对理论框架进行修改和验证，使模型更具普适性。

（2）对于文中提出的服务生态系统中的服务创新要素，只选取了顾客价值主张和顾客参与等要素，通过定量分析和实证检验，确定了其对于服务创新绩效的正向影响关系。后续将把研究范围扩展到各服务创新要素，研究视角也将从顾客拓展到其他服务创新的参与者，利用定量分析方法证实它们对于企业服务创新绩效的影响关系和作用机理。同时，还将对服务创新要素的协同作用进行深入研究，探讨协同程度与服务创新绩效之间的关系。

（3）本文的研究聚焦于中国情境下的ICT企业，研究对象具有特定的文化和行业特征，而不同的文化和行业背景可能会对结果造成影响。因此，选择更为广泛的行业以及不同文化地域环境，进行对比研究，对于确定研究的有效性、提升研究结论的解释力非常重要，这也是未来研究的方向。

参考文献

[1] 鲁若愚. 多主体参与的服务创新 [M]. 北京：科学出版社，2010.

[2] Mustak M. Service innovation in networks: a systematic review and implications for business-to-business service innovation research [J]. Journal of Business & Industrial Marketing, 2014, 29 (2): 151-163.

[3] Snyder H, Witell L, Gustafsson A, et al. Identifying categories of service innovation: A review and synthesis of the literature [J]. Journal of Business Research, 2016, 69 (7): 2401-2408.

[4] 华中生，魏江，周伟华，等. 网络环境下服务科学与创新管理研究展望 [J]. 中国管理科学，2018 (2): 186-196.

[5] Barrett M, Davidson E, Prabhu J, et al. Service innovation in the digital age: key contributions and future directions [J]. MIS quarterly, 2015, 39 (1): 135-154.

[6] Akaka M A, Vargo S L. Technology as an operant resource in service (eco) systems [J]. Information Systems and e-Business Management, 2014, 12 (3): 367-384.

[7] Lusch R F, Nambisan S. Service innovation: A service-dominant logic perspective [J]. MIS quarterly, 2015, 39 (1): 155-175.

[8] Vargo S L, Lusch R F. Institutions and axioms: an extension and update of service-dominant logic [J]. Journal of the Academy of marketing Science, 2016, 44 (1): 5-23.

[9] Lusch R F, Vargo S L, Gustafsson A. Fostering a trans-disciplinary perspectives of service ecosystems [J]. Journal of Business Research, 2016, 69 (8): 2957-2963.

[10] Barras R. Towards a theory of innovation in services [J]. Research policy, 1986, 15 (4): 161-173.

［11］Witell L, Snyder H, Gustafsson A, et al. Defining service innovation: A review and synthesis［J］. Journal of Business Research, 2016, 69（8）: 2863-2872.

［12］Hertog P. Knowledge-intensive business services as co-producers of innovation［J］. International journal of innovation management, 2000, 4（4）: 491-528.

［13］Nambisan S. Information Technology and Product/Service Innovation: A Brief Assessment and Some Suggestions for Future Research［J］. Journal of the Association for Information Systems, 2013, 14（4）: 215.

［14］李靖华, 朱文娟. 组织理论视角下的我国服务创新研究进展［J］. 研究与发展管理, 2014（4）: 82-91.

［15］Meynhardt T, Chandler J D, Strathoff P. Systemic principles of value co-creation: Synergetics of value and service ecosystems［J］. Journal of Business Research, 2016, 69（8）: 2981-2989.

［16］Vargo S L, Lusch R F. It's all B2B…and beyond: Toward a systems perspective of the market［J］. Industrial Marketing Management, 2011, 40（2）: 181-187.

［17］李纲, 陈静静, 杨雪. 网络能力、知识获取与企业服务创新绩效的关系研究: 网络规模的调节作用［J］. 管理评论, 2017（2）: 59-68.

［18］Vargo S L, Lusch R F. Evolving to a new dominant logic for marketing［J］. Journal of marketing, 2004, 68（1）: 1-17.

［19］Edvardsson B, Tronvoll B. A new conceptualization of service innovation grounded in SD logic and service systems［J］. International Journal of Quality and Service Sciences, 2013, 5（1）: 19-31.

［20］吴瑶, 肖静华, 谢康, 等. 从价值提供到价值共创的营销转型: 企业与消费者协同演化视角的双案例研究［J］. 管理世界, 2017（4）: 138-157.

［21］简兆权, 令狐克睿, 李雷. 价值共创研究的演进与展望: 从"顾客体验"到"服务生态系统"视角［J］. 外国经济与管理, 2016, 38（9）: 3-20.

［22］Vargo S L, Lusch R F. From Repeat Patronage to Value Co-creation in Service Ecosystems: A Transcending Conceptualization of Relationship［J］. Journal of Business Market Management, 2010, 4（4）: 169-179.

［23］Kindström D, Kowalkowski C, Sandberg E. Enabling service innovation: A dynamic capabilities approach［J］. Journal of Business Research, 2013, 66（8）: 1063-1073.

［24］Skålén P, Gummerus J, von Koskull C, et al. Exploring value propositions and service innovation: a service-dominant logic study [J]. Journal of the Academy of Marketing Science, 2015, 43（2）: 137-158.

[25] Koskela-Huotari K, Edvardsson B, Jonas J M, et al. Innovation in service ecosystems: Breaking, making, and maintaining institutionalized rules of resource integration [J]. Journal of Business Research, 2016, 69（8）: 2964-2971.

[26] Peters L D. Heteropathic versus homopathic resource integration and value co-creation in service ecosystems [J]. Journal of Business Research, 2016, 69（8）: 2999-3007.

[27] Frey, Alexander; Trenz, Manuel; and Veit, Daniel, （2017）. "THE ROLE OF TECHNOLOGY FOR SERVICE INNOVATION IN SHARING ECONOMY ORGANIZATIONS: A SERVICE-DOMINANT LOGIC PERSPECTIVE". In Proceedings of the 25th European Conference on Information Systems （ECIS）, Guimarães, Portugal, June 5-10, 2017: 1885-1901.

[28] Hollebeek L D, Andreassen T W. The SD logic-informed "hamburger" model of service innovation and its implications for engagement and value [J]. Journal of Services Marketing, 2018, 32（1）: 1-7.

[29] 刘飞, 简兆权. 网络环境下基于服务主导逻辑的服务创新: 一个理论模型 [J]. 科学学与科学技术管理, 2014（2）: 104-113.

[30] Chae B K. An evolutionary framework for service innovation: Insights of complexity theory for service science [J]. International Journal of Production Economics, 2012, 135（2）: 813-822.

[31] Ostrom A L, Parasuraman A, Bowen D E, et al. Service research priorities in a rapidly changing context [J]. Journal of Service Research, 2015, 18（2）: 127-159.

[32] Lim C, Kim K, Kim M, et al. From data to value: A nine-factor framework for data-based value creation in information-intensive services [J]. International Journal of Information Management, 2018, 39: 121-135.

[33] Blommerde T, Lynch P. A Procedure for Measuring and Validating a Construct of Service Innovation Capability Maturity [C] // Irish Academy of Management. 2017.

[34] For S J. The Theory of Economic Development [M] // Joseph Alois Schumpeter. Springer US, 2003.

[35] Coombs R, Miles I. Innovation, measurement and services: the new problematique [M] // Innovation systems in the service economy. Springer, Boston, MA, 2000: 85-103.

[36] 王家宝. 关系嵌入性对服务创新绩效的影响关系研究 [D]. 上海交通大学, 2011.

[37] Sundbo J. Management of Innovations in Services [J]. The Service Industries Journal, 1997, 17 (3): 87-102.

[38] Giannopoulou E, Gryszkiewicz L, Barlatier P J. Creativity for service innovation: a practice-based perspective [J]. Managing service quality: An international journal, 2014, 24 (1): 23-44.

[39] Hipp C, Grupp H. Innovation in the service sector: The demand for service-specific innovation measurement concepts and typologies [J]. Research policy, 2005, 34 (4): 517-535.

[40] Hertog P. Knowledge-intensive business services as co-producers of innovation [J]. International journal of innovation management, 2000, 4 (4): 491-528.

[41] Van Ark B, Broersma L, den Hertog P. Services innovation, performance and policy: a review [J]. Research series, 2003, 6: 1-63.

[42] Lin R J, Chen R H, Kuan-Shun Chiu K. Customer relationship management and innovation capability: an empirical study [J]. Industrial Management & Data Systems, 2010, 110 (1): 111-133.

[43] Hertog P D, Gallouj F, Segers J. Measuring innovation in a 'low-tech' service industry: the case of the Dutch hospitality industry [J]. The Service Industries Journal, 2011, 31 (9): 1429-1449.

[44] Gallouj F, Weinstein O. Innovation in services [J]. Research policy, 1997, 26 (4-5): 537-556.

[45] Alam I. An exploratory investigation of user involvement in new service development [J]. Journal of the Academy of Marketing Science, 2002, 30 (3): 250.

[46] Toivonen M, Tuominen T. Emergence of innovations in services [J]. The Service Industries Journal, 2009, 29 (7): 887-902.

[47] 鲁若愚, 段小华, 张鸿. 制造业的服务创新与差别化战略 [J]. 四川大学学报（哲学社会科学版）, 2000 (6): 16-20.

[48] 许庆瑞, 吕飞. 服务创新初探 [J]. 科学学与科学技术管理, 2003, 24 (3): 34-37.

[49] 蔺雷, 吴贵生. 服务创新 [M]. 2版. 北京: 清华大学出版社, 2007.

[50] 魏江, 王琳, 胡胜蓉, 等. 知识密集型服务创新分类研究 [J]. 科学学研究, 2008 (S1): 195-201.

[51] Jian Z, Wang C. The impacts of network competence, knowledge sharing on service innovation performance: Moderating role of relationship quality [M] //LISS 2012. Springer, Berlin, Heidelberg, 2013: 569-576.

[52] 张芮. 创新氛围、知识二元性与服务创新关系研究 [D]. 杭州: 浙江工商大学, 2014.

[53] Miles I. Innovation in services [J]. Research Policy, 2006, 26 (4-5): 537-556.

[54] Tether B, Massini S. Services and the innovation infrastructure [J]. Innovation in Services, 2007, 135.

[55] Gadrey J, Gailouj F, Weinstein O. New modes of innovation: how services benefit industry [J]. International journal of service industry management, 1995, 6 (3): 4-16.

[56] Hipp C, Tether B S, Miles I. The incidence and effects of innovation in services: evidence from Germany [J]. International Journal of Innovation Management, 2000, 4 (4): 417-453.

[57] Sundbo J. Innovation and strategic reflexivity: an evolutionary approach applied to services [J]. The international handbook on innovation, 2003: 97-114.

[58] Sundbo J, Orfila-Sintes F, Sørensen F. The innovative behaviour of tourism firms: Comparative studies of Denmark and Spain [J]. Research policy, 2007, 36 (1): 88-106.

[59] De Vries E J. Innovation in services in networks of organizations and in the distribution of services [J]. Research policy, 2006, 35 (7): 1037-1051.

[60] Djellal F, Gallouj F. Mapping innovation dynamics in hospitals [J]. Research policy, 2005, 34 (6): 817-835.

[61] Oke A. Innovation types and innovation management practices in service companies [J]. International Journal of Operations & Production Management, 2007, 27 (6): 564-587.

[62] Den Hertog P, Bilderbeek R. Conceptualising service innovation and service innovation patterns [J]. Research Programme on Innovation in Services (SIID) for the Ministry of Economic Affairs, Dialogic, Utrecht, 1999.

[63] Howells J, Tether B, Gallouj F, et al. Innovation in Services: Issues at Stake and Trends [D]. European Commission, 2003.

[64] Hipp C, Grupp H. Innovation in the service sector: The demand for service-specific innovation measurement concepts and typologies [J]. Research policy, 2005, 34 (4): 517-535.

[65] 张秋莉, 盛亚. 国内服务创新研究现状及其评述 [J]. 商业经济与管理, 2005 (7): 19-23.

[66] 徐朝霞. 顾客共同生产对服务创新绩效的影响研究 [D]. 成都: 西南财经大学, 2013.

[67] Sundbo J, Gallouj F. Innovation in service [R]. SI4S Project synthesis, Work package 34, 1998, 8.

[68] 陈劲, 王安全, 朱夏晖. 软件业的服务创新 [J]. 南开管理评论, 2002, 5 (1): 48-54.

[69] 周国华. 物流企业服务创新的影响因素研究 [D]. 武汉: 华中科技大学, 2012.

[70] 张瑾, 陈丽珍. 余额宝的服务创新模式研究: 基于四维度模型的解释 [J]. 中国软科学, 2015 (2): 57-64.

[71] Den Hertog P, Van der Aa W, De Jong M W. Capabilities for managing service innovation: towards a conceptual framework [J]. Journal of service Management, 2010, 21 (4): 490-514.

[72] 赵武, 王珂. 纵向动态视角下T-KIBS创新轨迹研究 [J]. 科学学与科学技术管理, 2016 (11): 44-54.

[73] Miles I, Kastrinos N. Knowledge-intensive business services: users, carriers and sources of innovation [J]. Second National Knowledge Infrastructure Setp, 1998, 44 (4): 100-128.

[74] Hauknes J. Services in innovation-innovation in services [J]. STEP Report series, 1998, 1 (1): 82-82 (1).

[75] Larsen J N. Knowledge, human resources and social practice: the knowledge-intensive business service firm as a distributed knowledge system [J]. Service Industries Journal, 2001, 21 (1): 81-102.

[76] 魏江. 宏观创新系统中知识密集型服务业的功能研究 [J]. 科学学研究, 2004 (S1): 141-145.

[77] 王琳, 魏江, 饶扬德, 等. 知识密集服务关系嵌入与制造企业服务创新: 探索性学习的中介作用和技术能力的调节作用 [J]. 研究与发展管理, 2017 (1): 106-115.

[78] Verworn B, Lüthje C, Herstatt C. Innovations management in kleinen und mittleren Unternehmen [R]. Working Paper, 2000.

[79] Smith A M, Fischbacher M. New service development: a stakeholder perspective [J]. European Journal of Marketing, 2005, 39 (9/10): 1025-1048.

［80］易军，周艳春，王其冬. 多主体参与的服务创新过程模型研究［J］. 工业技术经济，2012（1）：126-131.

［81］张红琪，鲁若愚. 多主体参与的服务创新影响机制实证研究［J］. 科研管理，2014（4）：103-110.

［82］Kraut R E, Fussell S R, Brennan S E, et al. Understanding effects of proximity on collaboration: Implications for technologies to support remote collaborative work［J］. Distributed work，2002：137-162.

［83］Zhao Y, Zhou W, Huesig S. Innovation as clusters in knowledge intensive business services: Taking ICT services in Shanghai and Bavaria as an example［J］. International Journal of Innovation Management，2010，14（1）：1-18.

［84］Dooley L, O'SULLIVAN D. Managing within distributed innovation networks［J］. International Journal of Innovation Management，2007，11（3）：397-416.

［85］王家宝，陈继祥. 关系嵌入、学习能力与服务创新绩效：基于多案例的探索性研究［J］. 软科学，2011（1）：19-23.

［86］简兆权，柳仪. 关系嵌入性、网络能力与服务创新绩效关系的实证研究［J］. 软科学，2015（5）：1-5.

［87］白鸥，魏江. 技术型与专业型服务业创新网络治理机制研究［J］. 科研管理，2016（1）：11-19.

［88］Heikkinen M T, Still J. Benefits and challenges of new mobile service development in R&D network［J］. Personal and Ubiquitous Computing，2008，12（1）：85-94.

［89］Tether B S, Tajar A. The organisational-cooperation mode of innovation and its prominence amongst European service firms［J］. Research policy，2008，37（4）：720-739.

［90］Koch A, Strotmann H. Absorptive capacity and innovation in the knowledge intensive business service sector［J］. Econ. Innov. New Techn.，2008，17（6）：511-531.

［91］彭本红，武柏宇. 跨界搜索、动态能力与开放式服务创新绩效［J］. 中国科技论坛，2017（1）：32-39.

［92］Kaufmann A, Lehner P, Tödtling F. Effects of the Internet on the spatial structure of innovation networks［J］. Information Economics and Policy，2003，15（3）：402-424.

［93］Möller K, Rajala A. Rise of strategic nets: New modes of value creation［J］. Industrial marketing management，2007，36（7）：895-908.

［94］刘林青，雷昊，谭力文. 从商品主导逻辑到服务主导逻辑：以苹果公司为例［J］. 中

国工业经济，2010（9）：57-66.

[95] Vargo S L, Lusch R F. Service-dominant logic: continuing the evolution [J]. Journal of the Academy of Marketing Science, 2008, 36（1）：1-10.

[96] 李雷, 简兆权, 张鲁艳. 服务主导逻辑产生原因、核心观点探析与未来研究展望 [J]. 外国经济与管理, 2013（4）：2-12.

[97] Peters L D, Löbler H, Brodie R J, et al. Theorizing about resource integration through service-dominant logic [J]. Marketing Theory, 2014, 14（3）：249-268.

[98] 郭朝阳, 许杭军, 郭惠玲. 服务主导逻辑演进轨迹追踪与研究述评 [J]. 外国经济与管理, 2012（7）：17-24.

[99] 狄蓉, 徐明. 服务主导逻辑下服务创新价值共创机理及对策研究 [J]. 科技进步与对策, 2015（7）：33-38.

[100] Vargo S L, Lusch R F, Akaka M A. Advancing service science with service-dominant logic [M]//Handbook of service science. Springer, Boston, MA, 2010：133-156.

[101] Maglio P P, Spohrer J. Fundamentals of service science [J]. Journal of the academy of marketing science, 2008, 36（1）：18-20.

[102] Maglio P P, Vargo S L, Caswell N, et al. The service system is the basic abstraction of service science [J]. Information Systems and e-business Management, 2009, 7（4）：395-406.

[103] Chandler J D, Vargo S L. Contextualization and value-in-context: How context frames exchange [J]. Marketing Theory, 2011, 11（1）：35-49.

[104] Vargo S L, Akaka M A. Value Cocreation and Service Systems（Re）Formation: A Service Ecosystems View [J]. Service Science, 2012, 4（3）：207-217.

[105] Kutsikos K, Konstantopoulos N, Sakas D, et al. Developing and managing digital service ecosystems: a service science viewpoint [J]. Journal of Systems & Information Technology, 2014, 16（3）：233-248.

[106] Banoun A, Dufour L, Andiappan M. Evolution of a service ecosystem: Longitudinal evidence from multiple shared services centers based on the economies of worth framework [J]. Journal of Business Research, 2016, 69（8）：2990-2998.

[107] Taillard M, Peters L D, Pels J, et al. The role of shared intentions in the emergence of service ecosystems [J]. Journal of Business Research, 2016, 69（8）：2972-2980.

[108] Koskela-Huotari K, Vargo S L. Institutions as resource context [J]. Journal of Service

Theory and Practice, 2016, 26(2): 163-178.

[109] Aal K, Di Pietro L, Edvardsson B, et al. Innovation in service ecosystems: an empirical study of the integration of values, brands, service systems and experience rooms [J]. Journal of Service Management, 2016, 27(4): 619-651.

[110] Vargo S L, Wieland H, Akaka M A. Innovation through institutionalization: A service ecosystems perspective [J]. Industrial Marketing Management, 2015, 44: 63-72.

[111] Åkesson M, Skålén P, Edvardsson B, et al. Value proposition test-driving for service innovation: How frontline employees innovate value propositions [J]. Journal of Service Theory and Practice, 2016, 26(3): 338-362.

[112] Siltaloppi J, Koskela-Huotari K, Vargo S L. Institutional complexity as a driver for innovation in service ecosystems [J]. Service Science, 2016, 8(3): 333-343.

[113] Di Pietro L, Edvardsson B, Reynoso J, et al. A scaling up framework for innovative service ecosystems: lessons from Eataly and KidZania [J]. Journal of Service Management, 2018, 29(1): 146-175.

[114] Polese F, Botti A, Grimaldi M, et al. Social innovation in smart tourism ecosystems: How technology and institutions shape sustainable value co-creation [J]. Sustainability, 2018, 10(1): 140.

[115] Lusch R F. Reframing supply chain management: a service-dominant logic perspective [J]. Journal of supply chain management, 2011, 47(1): 14-18.

[116] Anderson J C, Narus J A, Van Rossum W. Customer value propositions in business markets [J]. Harvard business review, 2006, 84(3): 90.

[117] 王雪冬, 冯雪飞, 董大海. "价值主张"概念解析与未来展望 [J]. 当代经济管理, 2014(1): 13-19.

[118] Payne A, Frow P. Deconstructing the value proposition of an innovation exemplar [J]. European Journal of Marketing, 2014, 48(1/2): 237-270.

[119] Starr R G, Brodie R J. Certification and authentication of brand value propositions [J]. Journal of Brand Management, 2016, 23(6): 1-16.

[120] Payne A, Frow P, Eggert A. The customer value proposition: evolution, development, and application in marketing [J]. Journal of the Academy of Marketing Science, 2017, 45(4): 467-489.

[121] Rintamäki T, Kuusela H, Mitronen L. Identifying competitive customer value propositions

in retailing [J]. Managing Service Quality: An International Journal, 2007, 17 (6): 621-634.

[122] Lindič J, Marques da Silva C. Value proposition as a catalyst for a customer focused innovation [J]. Management Decision, 2011, 49 (10): 1694-1708.

[123] 吴晓波, 章小初, 陈小玲. B-C移动商务价值主张实证研究 [J]. 管理工程学报, 2011 (4): 213-221.

[124] Ballantyne D, Frow P, Varey R J, et al. Value propositions as communication practice: Taking a wider view [J]. Industrial Marketing Management, 2011, 40 (2): 202-210.

[125] Frow P, Payne A. A stakeholder perspective of the value proposition concept [J]. European journal of marketing, 2011, 45 (1/2): 223-240.

[126] Maglio P P, Spohrer J. A service science perspective on business model innovation [J]. Industrial Marketing Management, 2013, 42 (5): 665-670.

[127] Kowalkowski C. Dynamics of value propositions: insights from service-dominant logic [J]. European Journal of Marketing, 2011, 45 (1/2): 277-294.

[128] O'Cass A, Ngo L V. Examining the firm's value creation process: a managerial perspective of the firm's value offering strategy and performance [J]. British Journal of Management, 2011, 22 (4): 646-671.

[129] Saarijärvi H. The mechanisms of value co-creation [J]. Journal of Strategic Marketing, 2012, 20 (5): 381-391.

[130] Frow P, McColl-Kennedy J R, Hilton T, et al. Value propositions A service ecosystems perspective [J]. Marketing Theory, 2014, 14 (3): 327-351.

[131] Chandler J D, Lusch R F. Service Systems: A Broadened Framework and Research Agenda on Value Propositions, Engagement, and Service Experience [J]. Journal of Service Research, 2015, 18 (1): 6-22.

[132] Payne A, Frow P. Developing superior value propositions: a strategic marketing imperative [J]. Journal of Service Management, 2014, 25 (2): 213-227.

[133] 赵黎明, 孙健慧. 基于产品视角的消费电子企业商业模式创新实现路径研究 [J]. 中国科技论坛, 2014 (11): 103-108.

[134] 张正林, 杨小红. 顾客参与、顾客满意与顾客信任的作用机制研究: 基于两种自律导向的调节分析 [J]. 预测, 2016 (1): 43-48.

[135] 张童. 顾客参与服务创新及其与企业互动程度研究综述 [J]. 辽宁大学学报 (哲学社

会科学版），2013（4）：77-81.

[136] Hsieh A T, Yen C H. The effect of customer participation on service providers' job stress [J]. The Service Industries Journal, 2005, 25（7）：891-905.

[137] 王琳. KIBS企业：顾客互动对服务创新绩效的作用机制研究 [D]. 杭州：浙江大学，2012.

[138] Nambisan S. Designing virtual customer environments for new product development Toward a theory [J]. Academy of Management review, 2002, 27（3）：392-413.

[139] Fang E. Customer participation and the trade-off between new product innovativeness and speed to market [J]. Journal of marketing, 2008, 72（4）：90-104.

[140] 彭艳君. 顾客参与量表的构建和研究 [J]. 管理评论，2010（3）：78-85.

[141] 张童. 现代服务业顾客参与服务创新机制研究：基于感知利益与感知风险权衡视角 [J]. 财经问题研究，2013（9）：14-20.

[142] 张瑾，陈丽珍，肖志勇. 顾客参与对KIBS创新绩效的影响：基于组织学习的视角 [J]. 软科学，2015（9）：102-106.

[143] 范秀成，王静. 顾客参与服务创新的激励问题：理论、实践启示及案例分析 [J]. 中国流通经济，2014（10）：79-86.

[144] 周冬梅，鲁若愚. 服务创新中顾客参与的研究探讨：基本问题、研究内容、研究整合 [J]. 电子科技大学学报（社科版），2009（3）：26-31.

[145] Carbonell P, Rodríguez - Escudero A I, Pujari D. Customer involvement in new service development: An examination of antecedents and outcomes [J]. Journal of product innovation management, 2009, 26（5）：536-550.

[146] 张红琪，鲁若愚. 多主体参与的服务创新影响机制实证研究 [J]. 科研管理，2014（4）：103-110.

[147] 卢俊义，王永贵. 顾客参与服务创新与创新绩效的关系研究：基于顾客知识转移视角的理论综述与模型构建 [J]. 管理学报，2011（10）：1566-1574.

[148] 王玖河，刘琳. 顾客参与价值共创机理研究：基于结构方程模型的量化分析 [J]. 企业经济，2017（2）：73-81.

[149] Kauffman S A. The origins of order: Self-organization and selection in evolution [M]. OUP USA, 1993.

[150] Bai C, Sarkis J, Dou Y. Constructing a process model for low-carbon supply chain cooperation practices based on the DEMATEL and the NK model [J]. Supply Chain Management: An

International Journal, 2017, 22（3）：237–257.

［151］吴建祖, 廖颖. NK模型及其在组织与战略管理研究中的应用［J］. 外国经济与管理, 2010（10）：34–41.

［152］贾晓辉. 基于复杂适应系统理论的产业集群创新主体行为研究［D］. 哈尔滨：哈尔滨工业大学, 2016.

［153］高长元, 何晓燕. 权重：基于NK模型的HTVIC知识创新适应性提升研究［J］. 科学学研究, 2014（11）：1732–1739.

［154］刘凯宁, 樊治平, 于超. 基于NK模型的商业模式创新路径选择［J］. 管理学报, 2017（11）：1650–1661.

［155］罗伯特.K.殷. 案例研究方法的应用［M］. 2版. 重庆：重庆大学出版社, 2009.

［156］Kathleen M. Eisenhardt. Building Theories from Case Study Research［J］. The Academy of Management Review, 1989, 14（4）：532–550.

［157］罗伯特·K.殷. 案例研究, 设计与方法［M］. 2版. 重庆：重庆大学出版社, 2010.

［158］Eisenhardt K M, Graebner M E. Theory building from cases Opportunities and challenges.［J］. Academy of Management Journal, 2007, 50（1）：25–32.

［159］张晓玲, 赵毅. 功能型客户价值主张与企业竞争性绩效的关系研究：基于创业板及中小企业板企业的实证分析［J］. 软科学, 2012（9）：120–126.

［160］江积海, 沈艳. 制造服务化中价值主张创新会影响企业绩效吗？——基于创业板上市公司的实证研究［J］. 科学学研究, 2016（7）：1103–1110.

［161］姜骞, 唐震. "资源—能力—关系"框架下网络能力与科技企业孵化器服务创新绩效研究：知识积累的中介作用与知识基的调节作用［J］. 科技进步与对策, 2018, 35（5）：126–133.

［162］蒋楠, 赵嵩正, 吴楠. 服务型制造企业服务提供、知识共创与服务创新绩效［J］. 科研管理, 2016, 37（6）：57–64.

［163］Hsueh J T, Lin N P, Li H C. The effects of network embeddedness on service innovation performance［J］. The Service Industries Journal, 2010, 30（10）：1723–1736.

［164］杨艳玲, 田宇. 基于互动导向的主动改善对服务创新绩效的影响研究［J］. 管理学报, 2015（9）：1385–1393.

［165］李清政, 徐朝霞. 顾客共同生产对服务创新绩效的影响机制：基于知识密集型服务企业在B2B情境下的实证研究［J］. 中国软科学, 2014, 8：120–130.

［166］Rintamäki T, Kirves K. From perceptions to propositions: Profiling customer value across retail contexts[J]. Journal of Retailing and Consumer Services, 2017, 37: 159-167.

[167] 邓朝华, 张金隆, 鲁耀斌. 移动服务满意度与忠诚度实证研究[J]. 科研管理, 2010 (2): 185-192.

[168] 郭净, 陈永昶, 关凯瀛. B2B情境下顾客参与对新产品绩效的影响: 知识整合机制的中介作用[J]. 科技进步与对策, 2017 (8): 106-111.

[169] 李怀祖. 管理研究方法论[M]. 西安: 西安交通大学出版社, 2004.

[170] 白鸥. 媒介人关系治理对服务创新网络绩效的影响机制研究[D]. 杭州: 浙江大学, 2015.

[171] 董豪. 信息通信企业内外协同创新能力提升研究[D]. 北京: 北京邮电大学, 2017.

[172] 陈晓萍, 徐淑英, 樊景立. 组织与管理研究的实证方法[M]. 2版.北京: 北京大学出版社, 2012.

[173] Lai C, Chiu C, Yang C, et al. The Effects of Corporate Social Responsibility on Brand Performance: The Mediating Effect of Industrial Brand Equity and Corporate Reputation[J]. Journal of Business Ethics, 2010, 95(3): 457-469.

[174] Hayes A F. Beyond Baron and Kenny: Statistical mediation analysis in the new millennium[J]. Communication monographs, 2009, 76(4): 408-420.

[175] MacKinnon D P, Fritz M S, Williams J, et al. Distribution of the product confidence limits for the indirect effect: Program PRODCLIN[J]. Behavior research methods, 2007, 39(3): 384-389.

[176] 刘洪, 侯赟慧. 企业网络适应性的NK模型分析[J]. 中国工业经济, 2009 (4): 94-104.

[177] Baykasoğlu A, Kaplanoğlu V, Durmuşoğlu Z D U, et al. Integrating fuzzy DEMATEL and fuzzy hierarchical TOPSIS methods for truck selection[J]. Expert Systems with Applications, 2013, 40(3): 899-907.

[178] Gölcük İ, Baykasoğlu A. An analysis of DEMATEL approaches for criteria interaction handling within ANP[J]. Expert Systems with Applications, 2016, 46: 346-366.

[179] Kuan M J, Hsiang C C, Tzeng G H. Probing the innovative quality system structure model for NPD Process based on combining DANP with MCDM model[J]. International Journal of Innovative Computing Information and Control, 2012, 8(8): 5745-5762.

[180] Arthur W B. The nature of technology: What it is and how it evolves[M]. New York: Simon and Schuster, 2009.

附　录

附录1　顾客价值主张、顾客参与及服务创新绩效研究调查问卷

尊敬的女士/先生：

您好！

我是北京××大学管理科学与工程专业的研究生，正在对企业服务创新的相关问题进行研究，感谢您拨冗参加本次调查问卷，您的宝贵意见将给我们研究以巨大的支持！本调查意在了解顾客参与对服务创新绩效的影响，请您依照自身情况填写。

本问卷采用匿名方式，所有信息仅用作学术研究，决不公开，请放心填答。再次衷心感谢您的支持与配合！

第一部分　企业基本信息

1．贵公司成立年限［单选题］［必答题］
○2年以下　　○3～5年　　○6～10年　　○10年以上
2．贵公司的员工人数［单选题］［必答题］
○10人以下　○11～100人　○101～300人　○300人以上

第二部分　顾客价值主张、顾客参与和服务创新绩效关系

这一部分采用五级量表对相关问题进行打分，1代表非常不同意，2代表不同意，3代表一般，4代表同意，5代表非常同意。

1. 顾客价值主张相关题项

项目	1	2	3	4	5
经济型					
企业在进行服务创新时承诺,以合适的价格提供新服务产品					
提供物有所值的新服务产品					
提供性价比高的新服务产品					
提供价格便宜的新服务产品					
功能型					
企业在进行服务创新时承诺,提供可靠的新服务产品					
提供易于使用的新服务产品					
提供高效便捷的新服务产品					
提供的新服务产品能够满足客户需求					
情感型					
企业在进行服务创新时承诺,提供的新服务产品能够带给客户愉悦的心情					
客户会享受新服务产品的使用过程					
提供的服务产品能够让客户放心使用					
提供与众不同的新服务产品					
社会型					
企业在进行服务创新时承诺,提供的新服务产品能让用户在使用时给他人留下良好的印象					
提供的新服务产品能让用户在使用时获得社会认同感					
提供的新服务产品能让用户在使用时更容易被他人接受					
提供的新服务产品在使用时能提升用户的自我认知					

2. 顾客参与相关题项

项目	1	2	3	4	5
信息提供					
顾客积极把自己拥有的相关信息传递给我们					
企业能随时知晓顾客的情况					
顾客能提供有关其需求和偏好的信息					
顾客会积极回答并反馈企业提出的问题					
共同生产					
顾客的努力对服务创新活动起到了非常重要的作用					
服务创新的顺利实现，需要与顾客相互请教与支持					
顾客的知识及技能对于服务创新十分重要					

3. 服务创新绩效相关题项

项目	1	2	3	4	5
过程绩效					
新服务开发降低了服务项目的平均费用					
新服务开发优化了服务开发流程					
新服务开发提高了企业效率					
结果绩效					
新服务开发提高了企业投资回报率					
新服务开发增强了企业市场竞争力					
新服务开发提升了顾客满意度					

附录2　服务生态系统中服务创新要素影响关系调查问卷

尊敬的专家：

您好！我是北京××大学管理科学与工程专业的研究生，正在对服务生态系统中企业服务创新的相关问题进行研究，感谢您拨冗参加本次调查问卷，您的宝贵意见将给我们研究以巨大的支持！本调查意在了解服务生态系统中各服务创新因素之间的影响关系，请您依照自身情况填写。

本问卷采用匿名方式，所有信息仅用作学术研究，决不公开，请放心填答。

再次衷心感谢您的支持与配合！

问卷填写说明：请根据下表中的标度含义进行打分，将对应的分值填写在空白处。

标度	含义
0	行因素对列因素**没有**影响
1	行因素对列因素有**很弱**影响
2	行因素对列因素有**弱**影响
3	行因素对列因素有**强**影响
4	行因素对列因素有**很强**影响

表中得分为行因素对列因素的影响程度，例如下表中：

项目	a_1	a_2	a_3
a_1		a_{12}	
a_2	a_{21}		
a_3		a_{32}	

如果您认为"a_1"对"a_2"有"很弱影响"，则在a_{12}处填写1；

如果您认为"a_2"对"a_1"有"强影响",则在a_{21}处填写3;

如果您认为"a_3"对"a_2""没有影响",则在a_{32}处填写0;

对角线上的元素不需要填写。

指标解释:

A2A(actor-to-actor)网络:服务生态系统中企业、用户、政府等不再被自己的角色所束缚,也没有了"提供者"和"消费者""生产者"和"管理者"的区别,他们都作为行动者参与服务创新过程,而这个由所有行动者相互连接、相互作用构成的社区就是A2A网络,它是行动者交流、互动和参与服务创新的组织逻辑。

价值主张:价值主张是能够促进顾客与企业交流互动、实现资源共享的价值承诺。行动者不能传递价值,但能够参与创造和提供价值主张,并通过价值主张向行动者提供价值承诺,吸引其他行动者参与服务创新。

资源整合:资源整合是一个连续的过程,是行动者为了实现服务创新所实施的一系列活动,在服务创新过程中所有社会活动和经济活动中的行动者,都扮演着资源整合者这一同样的角色。

制度化过程:制度化过程就是制度的维护、破坏和变革,也就是说在服务创新的过程中,既有一些制度需要保持不变,还要废除一些旧有的制度,同时生成新的制度。例如旧有的服务交换和资源整合的方式被新的方式所取代,并形成相应的制度规范,指导和保障服务创新中行动者的行为。

IT能力:IT能力是组织调用和部署IT资源的能力。在服务创新过程中,组织利用IT能力一方面可以加速服务创新发展,另一方面还能够触发新的服务属性。

请您根据以上说明,填写下表:

项目	A2A网络	价值主张	资源整合	制度化过程	IT能力
A2A网络					
价值主张					
资源整合					
制度化过程					
IT能力					

附录3 利用MATLAB对NK模型进行仿真的代码

```
classdef NK_Landscape
    %NK_Landscape Simple version of Kauffman's classic NK model
    %   This implementation assumes diallelic genes (A=2),
    %   assigns a fitness component to each gene,
    %   and requires a balanced set of couplings.

    properties (Access=private,Constant)
        a_=2; % Number of alleles.
    end

    properties (Access=private)
        n_; % The number of genes (and fitness components).
        k_; % The number of non-self couplings.
        depend_; % The epistatic dependency map,one row per component.
        lookup_; % Fast access to genes on which a gene depend.
        weight_; % Fitness component weights/values.
    end

    methods (Static)

        function[result]=number of Genetic Combinations(n)
            result=NK_Landscape.a_^n;
        end

        function[result]=number of Coupled Allele Combinations(k)
            result=NK_Landscape. number of Genetic Combinations(k+1);
        end
```

```
function[result]=number of Fitness Weights(n,k)
    result=n*NK_Landscape.number of Coupled Allele Combinations(k);
end


function[genome]=make Genome(values)
    genome=values(: )' ;
end


% Initialize an NK landscape from given dependencies.
%
%[nk]=makeNK_Landscape(dependencies,generator)
%    dependencies: epistatic dependency map
%    generator    : pseudo-random number generator or matrices sized[r,c](default is rand)
function[nk]=make(dependencies,generator)
    assert(numel(dependencies)>0);
    if nargin<2
        generator=@(r,c)rand(r,c);
    end
    n=size(dependencies,2);
    k=nnz(dependencies(2,: ))-1;
    f=180;
    weights=generator(1,f);
    nk=NK_Landscape(dependencies,weights);
end


end


methods
```

```
% Construct an NK landscape.
%
%[obj]=NK_Landscape(nk)
%   nk : the NK landscape to be copied
%
%[obj]=NK_Landscape(depends,weights)
%   depends : an epistatic dependency map satisfying the NK requirements (diagonal and same dependency counts)
%   weights : the(random)fitness weights,number of elements given by number of Fitness Weights
function[obj]=NK_Landscape(varargin)
    assert(nargin>0);
    if isa(varargin{1},'NK_Landscape')
        nk=varargin{1};
        obj.n_=nk.n_;
        obj.k_=nk.k_;
        obj.depend_=nk.depend_;
        obj.lookup_=nk.lookup_;
        obj.weight_=nk.weight_;
    else
        assert(nargin==2);
        depends=varargin{1};
        weights=varargin{2};
        assert (isa(weights,'double'));
        obj.n_=size(depends,2);
        obj.k_=nnz(depends(1,: ))-1;
        obj.depend_=(depends~=0);
        obj.lookup_=zeros(obj.n_,obj.k_+1);
        obj.weight_=weights(: )';
        for ii=1: obj.n_
            ki=1;
```

```
            for jj=1: obj.n_
                if obj.depend_(ii,jj)~=0
                    obj.lookup_(ii,ki)=jj;
                    ki=ki+1;
                end
            end
        end
    end
end

function[w]=getFitnessWeights(obj)
    w=obj.weight_;
end


function disp(obj)
    fprintf('NK_Landscape ( n = %d ,k = %d ): \n' ,obj.n_,obj.k_);
    fprintf(' dependencies: \n');
    for i=1: size(obj.depend_,1)
        fprintf('   %s\n' ,sprintf('%d' ,obj.depend_(i,: )));
    end
    fprintf(' weights (%d) = ',numel(obj.weight_));
    fprintf(' %f' ,obj.weight_);
    fprintf('\n');
end


function[n]=number of Genes(obj)
    n=obj.n_;
end


function[k]=number of Couplings(obj)
    k=obj.k_;
```

```
end

function[depends]=dependencies(obj)
    depends=obj.depend_;
end


function [fitness_i]=fitness Component (obj,component_index,genome)
    assert(0<component_index<=obj.n_);
    assert(numel(genome)==obj.n_);
    subindex=0;
    lookup_1=[
    1 2 4 5 0
    1 2 3 4 5
    1 2 3 4 5
    1 2 3 4 5
    1 2 3 5 0
    ];
    for j=1: sum(lookup_1(component_index,: )~=0)
        subindex=2*subindex+(genome(lookup_1(component_index,j))~=0);
    end
    index=obj.n_*subindex+component_index;
    fitness_i=obj.weight_(index);
end


function[f]=fitness(obj,genome)
    f=0.0;
    w=[0.1924    0.1994    0.2147    0.1985    0.1950];
    for i=1: obj.n_
        f=f+w(i)*obj.fitnessComponent(i,genome);
    end
```

                end

            end

end

% Simple example of use of the NK landscape.

% Input parameters:
emap=[
        1,1,0,1,1;
        1,1,1,1,1;
        1,1,1,1,1;
        1,1,1,1,1;
        1,1,1,0,1;
];

n=size(emap,1);
k=nnz(emap(1,:));
lastresult=zeros(10,32);

% Create and display landscape:
scape=NK_Landscape.make(emap);
disp(scape);
assert(n==scape.number of Genes());

% Initial condition,then myopic hill-climber:
fprintf('\nFitness components and values of the landscape: \n');
genome_seq=[
0,0,0,0,0

0,0,0,0,1
0,0,0,1,0
0,0,1,0,0
0,1,0,0,0
1,0,0,0,0
1,1,0,0,0
1,0,1,0,0
1,0,0,1,0
1,0,0,0,1
0,1,1,0,0
0,1,0,1,0
0,1,0,0,1
0,0,1,1,0
0,0,1,0,1
0,0,0,1,1
1,1,1,0,0
1,1,0,1,0
1,1,0,0,1
1,0,1,1,0
1,0,1,0,1
1,0,0,1,1
0,1,1,1,0
0,1,1,0,1
0,1,0,1,1
0,0,1,1,1
1,1,1,1,0
1,1,1,0,1
1,1,0,1,1
1,0,1,1,1
0,1,1,1,1
1,1,1,1,1

```
    ];

fprintf('genome: |%s | fitness: \n',sprintf('  %d:  ',1: n));
for i=1: size(genome_seq,1)
    genome=scape.makeGenome(genome_seq(i,: ));
    fitness=scape.fitness(genome);
    fitness_comp=zeros(1,n);
    for j=1: n
        fitness_comp(j)=scape.fitnessComponent(j,genome);
    end
    fprintf('%-5s|%s |%.4f\n',sprintf('%d',genome),sprintf('%.4f',fitness_comp),fitness);
    nk_result(i)=fitness;

end
```